JN193044

「法華経」を読む

紀野一義

大法輪閣

目次

第3章　光は東方を照らす

第4章　生かされて生きる

第5章　会うべき人についに会う

まえがき

私は顕本法華宗（けんぽんほっけしゅう）の寺の息子に生まれ、朝から晩まで法華経と日蓮上人とお題目の中で育って来たのだから、法華経が好きなのは当然なのだが、どこがどう好きなのだと問われたりすると、返事に困ったりするのである。

これまでは、どことといって特別に限定できないけれども、とにかく好きなのだ、という返事しかできなかった。

しかし、道元の書いた『正法眼蔵（しょうぼうげんぞう）』の世界に深く入ってゆくにつれて、どの章のうしろにも法華経が厳然たる実在感で存在しているのに驚いた。道元は法華経によって触発された世界を、あの尨大な正法眼蔵にまとめたとしか思えない。なにしろ、法華経がよく分っていないと、正法眼蔵は分らないのだ。

宮沢賢治の詩や童話に深く入ってゆくにつれて、どの詩や童話のうしろにも法華経が輝いているのにも驚いた。法華経がよく分っていないと、賢治の詩や童話は全くといっていいほど分らないのだ。

法華経は深い思想によって堅固に構築された経典とは違う。そんなものを期待していると失望するばかりだろう。

しかし、法華経には不思議なイメージがある。そのイメージに触発されると、読む者のイメージ脳の中に顕著な変化が起きる。思いもかけないようなイメージが次々に脳裏に現われたり、自然がすばらしく美しくなったり、人間がみんなすばらしく見えたりするのだ。

また、さまざまな物語の中に、たとえば、「常懐悲感　心遂醒悟」（常に悲感をいだいて、心ついに醒悟す）というような宝石のような短い一句がきらめいて、読む者の心に衝撃を与え、立ち直らせる。悲しみを大切に抱いていると、それによって心が遂に目を醒まし、悟りにみちびかれる、というようなことを、さりげなく法華経は教えるのだ。悲しみに沈んでいる者に、悲しみは胸の深処に抱いているものだよと教えるのだ。そんなところに法華経の思いがけない魅力がある。

この法華経の中に皆さんを導いてゆくのに、私は脱線ばかりしているようだ。でもそれは、法華経のイメージに触発されて私のイメージ脳の中に次々に天から降り注いできて止めようがなくなった花びらの雨のようなもので、これでも私は一所懸命に私のイメージ脳にブレーキをかけていたのである。

法華経が無尽蔵に展開してゆくことを「法華ひらく」というが、法華経は十方の世界に展開して終るということがない。恐らく死ぬまで私は法華経にとりつかれ、死ぬまで新しいイメージが湧いてくるのに驚きつづけるだろう。今から六年ほど前に私は、池上本門寺で十年間講義しつづけた法華経の話を『法華経の風光』全五巻にまとめて水書房から出版した。一冊の量が四百字原稿用紙千枚だから全部で五千枚に及ぶ大作となった。そのあとでまた本門寺で第二回目の法華経連続講義をはじめ、すでに提婆達多品（だいばだったほん）第十二に到達している。前回とは全く違った話を展開しているわけで、あと数年もすれば、第三回目の法華経連続講義に突入するかも知れない。その時私はもう六十代の半ばを過ぎるかも知れない。法華は限りなくひらきつづけて終ることがないのだ。

法華経を読み進むことは最高のイメージ脳訓練である。この小著によって法華経にいささかでも魅力を覚えたお方は是非、池上本門寺の法会にお出で頂きたい。毎月第一土曜日の夜にそれはひらかれている。私がこの地上にいなくなっても、本門寺になお法華の花はひらきつづけることだろう。世界が展開してゆくということは法華が花ひらいてゆくことなのであるから。

なお、使用したテキストは、上段に漢文、下段に読み下しのついた平楽寺書店刊『真訓両読妙法蓮華経』（約六〇〇頁）である。この刊本が最も広く用いられている。

第1章 羅什讃頌

鳩摩羅什

一　イメージで書かれた法華経

語るべきこと星のごとし

法華経はまったく不思議な経典である。私なんぞは法華宗の寺の生まれで、物心つきはじめる頃から法華経を唱えていた。五、六歳頃から五十九歳の今日に至るまでずっと法華経を読んだり唱えたりしているわけである。

それで飽きるかというとそうでない。年を加えるごとに、「あっ」と思うようなことが次々に出てくるのだ。

私は池上本門寺で十年かかってやっと法華経全部の講義を終り、それが『法華経の風光』全五巻（水書房）となって結晶した。

あの本ができてからまもなく私は第二回目の法華経講義を開始し、もう三年経っている。十年もかかって講義したあとだから、もう話すことなんぞないような気がするが、それがそうでない。いくらでも語るべきことが出てくるのは不思議なほどである。

それは、宇宙に数え切れないほどの星があり、人類は何千年もかかってそれらの星を確認して来たのだが、それでも未だ知られない星がどれだけあるか知れないという事実によく似ている。

法華経は宇宙的な世界観・人生観を展開して見せ、人間ひとりひとりの屈折した心理や、顚倒(てんどう)した考えや、けちくさい人生観を跡形もなく吹き散らしてしまうようなすさまじい力を持っている。

私は法華経の持つこの壮大華麗な世界を、「肯定、肯定、絶対肯定の世界」とか、「無限抱擁の世界」などと呼んでいるのだが、そんな言葉ではとてもつかみ切れないような世界を法華経は持っている。凄いようなところがこの経典にはあるのだ。

日本人のための経典

私は今、思わず、「そんな言葉ではとてもつかみ切れない」と言ってしまったが、法華経をはじめとする多くの大乗経典は、イメージによって描かれている。

私はこの頃、法華経や大無量寿経(だいむりょうじゅきょう)や華厳経(けごんきょう)は、「イメージことば」で書かれたものだと考えるようになった。そういうものは、ロゴス脳で捉えたり説明したりすることはできないものなのだ。

人間の大脳の働きが左右で異り、左脳は「ロゴス脳」として、言葉や論理や計量を司っていること、また右脳は「パトス脳」として、泣いたり、笑ったり、喜んだり、悲しんだり、甘えたりする情動的な働きを司り、また、鳥の声や虫の声に感動したりする働きを司っていると考えられてきていた。ところが、昭和五十一年に角田(つのだ)忠信という人が、日本人の場合に限り、その両方を左脳で全部やってしまっていることを明らかにした。

そうなると右脳はいったい何をしているのか。右脳は「イメージ脳」として働いているという。イメージに直結したことば（これはパロールと呼ばれている）が次々に、自在に、右脳に配列され、記憶されているという。この記憶が日本人独特の「直観能力」となって現われて来ているのである。

法華経は明らかに、右脳によるイメージことば、すなわち、絵のあることばによって書かれている。その法華経をもっともよく理解できるのは、実は、法華経の原作者よりもそれを翻訳した中央アジア人の羅什（らじゅう）、そして日本人だと私は考える。何故なら、インド人も、中国の人も、朝鮮の人も、大脳はすべてヨーロッパ人やアメリカ人と同じく、左右別々にロゴス脳、パトス脳として作用している人種なのである。それに対して日本人の右脳は、全くイメージ脳としてのみ働いているのだから、日本人のイメージの豊かさ、直観の早さ、芸術性の深さは卓越しているということができる。

法華経はまさに、日本人のための経典だといって差し支えない。

同じ法華経を読みながら、中国人である天台大師は、左脳を駆使して天台の哲学を築き上げた。ロゴス哲学として精緻（せいち）をきわめた天台の教学は、日本では花咲かなかった。日本人にはあんな七面倒臭い論理は歓迎されなかったのだ。

日本で花咲いたのは、法華経の宇宙的な世界観を南無妙法蓮華経の七字に結晶し、曼荼羅として開顕した日蓮の法門と、華麗壮大な童話や詩に結晶した宮沢賢治の文学だったのである。

二　賢治と中央アジア

透き通ったほんとうのたべもの

右脳に秀でた日本人の感性は、法華経の宇宙的なひろがりに触発されて、心の働きが無限に高く、広く、深くひろがってゆくのだ。

たとえば宮沢賢治の最初の公刊された童話集『注文の多い料理店』に付された序文の中で賢治はこう言っている。

　わたくしたちは、氷砂糖をほしいくらゐ持たないでも、きれいにすきとほつた風をたべ、桃いろのうつくしい日光をのむことができます。
　またわたくしは、はたけや森の中で、ひどいぼろぼろのきものが、いちばんすばらしいびらうどや羅紗や、宝石いりのきものに、かはつてゐるのをたびたび見ました。
　わたくしはさういふきれいなたべものやきものをすきです。

これらのわたくしのおはなしは、みんな林や野はらや鉄道線路やらで、虹や月あかりからもらつてきたのです。

ほんたうに、かしはばやしの青い夕方を、ひとりで通りかかつたり、十一月の山の風のなかに、ふるへながら立つたりしますと、もうどうしてもこんな気がしてしかたがないのです。ほんたうにもう、どうしてもこんなことがあるやうでしかたがないといふことを、わたくしはそのとほり書いたまでです。

ですから、これらのなかには、あなたのためになるところもあるでせうし、ただそれつきりのところもあるでせうが、わたくしには、そのみわけがよくつきません。なんのことだか、わけのわからないところもあるでせうが、そんなところは、わたくしにもまた、わけがわからないのです。

けれども、わたくしは、これらのちひさなものがたりの幾きれかが、おしまひ、あなたのすきとほつたほんたうのたべものになることを、どんなにねがふかわかりません。

宮沢賢治はくりかえし、「みわけがよくつきません」とか「わけがわからない」とか言っているが、これは「ロゴス脳」が働かないので、論理的に説明することができないのである。できないけれども、その小さな物語はきっと、読む者にとって透き通ったほんとうのたべものになると信じ、また願っているのである。

遠い西域の風光

賢治にとって法華経は、そして、その法華経から生まれた数々の童話や詩は、人間のほんとうの幸せに役立つ透き通ったほんとうのたべものであった。死のうとする妹との訣別の詩「永訣の朝」の末尾に、

おまえがたべるこのふたわんのゆきに
わたくしはいまこころからいのる
どうか<ruby>これが兜率<rt>とそつ</rt></ruby>の天の食に変つて
やがてはおまえとみんなとに
聖い資糧をもたらすことを
わたくしのすべてのさいはひをかけてねがふ

と歌ったのもこれである。

法華経の宇宙的壮大さに触れると、賢治の思念は宇宙大にひろがってゆく。夏の岩手の田園の

風景は天空にひろがり、遠い西域の風光と重なることになる。
賢治の数多い未定稿の詩篇の中に、「夏夜狂燥(げやきょうそう)」と題する壮大な詩篇についてのエピソードを、金子民雄氏の書いた名著『山と雲の旅――宮沢賢治・童話と詩の舞台――』の中で教えられた。

温く含んだ南の風が
かたまりになつたり紐になつたりして
りうりう夜の稲を吹き
またまつ黒な水路のへりで
はんやくるみの木立にそゝぐ
……地平線地平線
　灰いろはがねの天末で
　銀河のはじが茫乎(ぼうこ)とけむる……
熟した藍や糀(こうじ)のにほひ
一(ひと)きは過ぎる風跡に
蛙の族は声をかぎりにうたひ
ほたるはみだれていちめんとぶ

……赤眼の蠍(さそり)
　萱(かや)の髪
　わずかに澱(よど)む風の皿……

これは賢治の眼にした夏の岩手の夜の風物詩である。この風物に重ねて賢治の幻想は次のように展開する。

　うしろでまた天の川の小さな爆発
たちまち百のちぎれた雲が
星のまばらな西寄りで
難陀龍家(なんだりゆうけ)の家紋を織り
天をよそほふ鬼の族は
ふたたび蠍の大火をおかす
……蛙の族はまた軋(きし)り
　大梵天ははるかにわらふ……

“セヴンヘジンは遠くでわらふ”

この部分は何度も書いては消し、書いては消しして文脈が辿れないという。これを整理した入沢康夫氏の読み方は次のようであった。

白鳥座から琴（ライラ）へかけて
立派な蛇の紋ができ
溶けた魔神ははるかな北に生起して
六頭首ある馬に乗り
髪をみだして馳けまわる
……夜風の底で蛙は軋り
　セヴンヘジンは遠くでわらふ……

末尾のセヴンヘジンは、誰でもがすぐ気付くように、スウェーデン生まれの中央アジア探険家スヴェン・ヘディンのことである。

中央アジア史を専攻して、『ヘディン伝――偉大なシルクロードの探険者――』というすぐれた伝記を書いた金子氏は、すぐにヘディンと蛙の結びつきに気付かれている。

ヘディンは一八九五年の四月から五月にかけて、タクラマカン沙漠のヤルカンド・ダリア（河）とホータン・ダリアとの間を横断しようとしたが、飲料水をなくして渇え死にしかけたのであった。この旅については金子氏の『ヘディン伝』の「生と死の彼方へ」の章につぶさに記されている。ヘディンはこの中央アジアの探険に出発する以前二十六歳の年に、金髪で端麗な顔立ちと驚くばかりすばらしい碧眼の十七歳の少女と婚約していたが、その少女が別の男と婚約したという便りを出発の直前に読んだのであった。絶望したヘディンは、沙漠で死ぬことを覚悟してこの旅に出発したのだった。

この旅でヘディンの従者はほとんど死に、犬も死に、駱駝も死に、ヘディンひとりようやく長さ二十メートル足らずの小さな水溜りに辿りついた。この時ヘディンは、飢えに狂乱して、その水溜りにいたおたまじゃくしをすくって食べ、辛うじて命を支えることができたのであった。

賢治はそのことを知っていた。そこで、

……夜風の底で蛙は軋り
　セヴンヘジンは遠くでわらふ……

の一句が書かれたのである。

これほど壮大な規模の詩を、その当時、賢治以外の誰が歌えたろうか。賢治とて、法華経の風光を知らなかったら、とてもこんな詩は生み出せなかったに違いない。

今日我々は、NHKのシルクロードについてのテレビや、刊行された写真集や、篠山紀信のすばらしい写真によって、中央アジアの鮮烈なイメージを右脳に焼きつけているのであるが、そんなものをまるで知らない賢治の方が、さらに壮大で、さらに鮮烈なイメージで、かずかずの童話や詩を生み出していることを忘れてはならないのだ。

三　翻訳者・羅什（らじゅう）の故里

亀茲楽を生んだ地

今、私は、タクラマカン沙漠の西を北東に向かって流れているヤルカンド・ダリア（河）から、沙漠を横断してホータン・ダリアに赴こうとして死にかけたスヴェン・ヘディンのことを書いたのだが、この沙漠はタクラマカン沙漠の西の一部分にすぎない。ホータン・ダリアから東にさらに巨大な沙漠がひろがっているのだ。

この大沙漠の北側に天山山脈が東西に伸びているのだが、その天山山脈の南麓、天山南路のほぼ中央にクチャという町がある。ここは昔、屈支（くつし）国あるいは亀茲（きじ）国と呼ばれたところである。梵文の法華経を翻訳して『妙法蓮華経』を完成した屈指の名翻訳家クマーラジーヴァ（鳩摩羅什）の生まれたのはこの亀茲国なのである。

私の前著『「般若心経」を読む』のテキストとなった般若心経を梵語から翻訳した大翻訳家にして大旅行者玄奘三蔵は、中国の国境を越えると北へ進んでハミ（伊吾）に至り、そこから西へ進んでカラコジョ（高昌国）、アグニ（阿耆尼）を経てこの亀茲国に至っている。この亀茲国は、へディンの死にかけたホータン・ダリアから沙漠を東北に横断すること五百キロの地点にある。こんな町で生まれたクマーラジーヴァがどうして法華経を漢訳したのだろうか。

中国は漢代以後、西域経営に力を入れ、西域都護府は紀元前六十年に、このクチャの東のチャーディル・オアシス（烏塁城）に置かれていたが、唐の時代に東トルキスタンのオアシス諸国を制圧して、六四〇年、高昌国の故地に安西都護府を置き、十八年後の六五八年にそれをクチャに移した。その下に四つの都督府があったといわれるほど強大なものであった。それを安西四鎮と呼んでいる。

亀茲国は漢の時代、西域五十余国の中第三番目の大国だった。『漢書』の記述によると、最大の国は烏孫で人口六十万、第二は大宛で人口三十万、亀茲は戸数六九七〇戸、人口八万一三一七人を数えたという。

『梁書』の「諸夷伝」は「外城は長安城に等しく、室屋は壮麗なり」といい、『晋書』の「四夷伝」は、「天宮の壮麗は、煥として神居の若し」という。

現在の住民はウイグル族で、およそ三十万人住んでいるという。

ここは「亀茲楽」を生んだ土地で、ウイグル族の人々は亀茲楽の伝統をひいて歌と踊りに長けている。NHKの放映した「シルクロード」の画面にしばしば登場したウイグルの歌舞団は、ここクチャの「クチャ歌舞団」である。この歌舞団は、古代の仏教舞踊の再現に今情熱を傾けているという。

宝庫、「キジル千仏洞」

クチャの町から北東二十キロの地に「スバシ故城」があり、ここを訪れた玄奘は『大唐西域記』の中で「昭怙釐伽藍」として言及し、「仏像の荘厳はほとんど人工とは思えない」と言っている。今では、クチャ河の河岸に無数の岩石の突起があるにすぎない。河の東におよそ八メートルほどの高さの仏塔が見られる。

クチャの町から西へ十キロ行くと、土地の人々が「塩の水の河」と呼ぶ塩水渓谷がある。切り立った岩山の崖の下を僅かな水が流れ、河床を真白に岩塩が彩っている。玄奘もこの塩の水の河の道を西へ進んだ。その頃と景観はほとんど変ってはいないだろう。

この塩水渓谷から五百メートルほど入ったところに「クズル・ガハ石窟群」があり、西北に六十キロ行くと、ムザト河の北岸にシルクロード仏教美術の宝庫「キジル千仏洞」がある。この千仏洞は東西二キロにわたってひろがり、二百三十六の石窟がある。三世紀の末から十世紀にかけて造られ、石窟内にすばらしい壁画が描かれている。「交脚弥勒」「釈迦涅槃像」「共命鳥」「有翼の天使」「釈迦説法図」「釈迦涅槃図」「本生譚」「琵琶や横笛を奏する伎楽天」「仏舎利塔」「五絃琵琶を奏でる飛天」などがすばらしい。この千仏洞は今世紀初頭に日本の大谷探検隊や、ドイツのグリュンウェーデルやル・コックが調査している。ル・コック隊はこの石窟の壁画を大量に切り取ってドイツに持ち帰った。クチャ（亀茲国）とはそういうところである。

四　羅什の生涯

九歳の年、インダス河を渡る

玄奘が中国を出発したのは貞観三年（六二九）であった。その頃、唐のオアシス諸国制圧はまだ十分に行なわれてはいなかった。

しかし、高昌（トゥルファン）王麴文泰は玄奘に破格の厚遇を与え、兄弟の盟約を結び、高昌国を去るに当っては高僧達と共に城外数十里の西まで見送っている。しかし、この高昌国はまもなく唐軍の攻撃を受けて壊滅した。帰途玄奘が立ち寄った時、そこはすでに人の姿のない廃墟と化していた。

クチャ国では王や群臣、数千人の僧が城の東門の外に幔幕を張り、音楽を奏して玄奘を迎えている。
城の西北にあるアーシュチャリヤ寺にモークシャグプタという高僧がいた。彼は、「この国には倶舎論や婆娑論等の経典がそろっている。わざわざ難儀して西の国に行くには及ばない」と言った。玄奘はこの僧に「『瑜伽論』がありますか?」と訊いた。僧は「そんな邪見の書を真の仏弟子は学ばない」と答えた。そこで玄奘は倶舎論について質問したが、その高僧はまるで答えられなかった。その程度の僧しかこの国にはいなかったのである。

しかし、このクチャ国は大翻訳家クマーラジーヴァを生んだ国である。クマーラジーヴァは、姚秦文桓帝の弘始八年(四〇六)に、これから私がとり上げようとしている『妙法蓮華経』七巻を訳している。これは玄奘がクチャを訪れたと推定される西紀六二九―六三〇年よりも二百年以上も昔のことである。

クマーラジーヴァの父はインド人で、ある国の宰相であったが、出家してクチャ国王の師となり、王の妹に迫られ、還俗して彼女を妻としてクマーラジーヴァを生んだ。

クマーラジーヴァは鳩摩羅什と漢字で表され、略して羅什と呼ばれている(以下、羅什と呼ぶことにしよう)。この羅什に関しては、今年の二月に横超慧日氏と諏訪義純氏の共著で『羅什』という本が出版された。以下、この本に助けられて羅什の横顔を描き出してみたいと思う。

羅什は七歳で出家、九歳の年、母に伴われてインダス河を渡り、カシュミール(罽賓)に至り、説一切有部（小乗二十部の中の一派）の僧に就いて、雑阿含経、中阿含経、長阿含経等を暗誦した。

読んでゆく端から記憶した

十二歳の年、クチャに帰り、カシュガル（沙勒国）に行く。途中、月氏の北山（恐らくパミール山中のどこか）というところで、ある羅漢が羅什の人相を見て、

「この沙弥はもし三十五に至るまでに破戒しなければ、きっと大いに仏法を興し、無数の人々をすくってウパグプタと変わらぬ人物となるだろう。もし戒を完うしなければ、能くなすことなく、正に才明にして俊芸の法師にすぎないだろう」

と予言した。ウパグプタはアショーカ王の師であった大徳である。

カシュガルは、カシュミールの東北およそ六百キロ、パミール高原の東、タクラマカン沙漠のずっと西にある都市である。

この町で羅什は、アビダルマ（仏教の論書）を片っ端から暗誦した。羅什の暗記能力は超人的であったらしい。読んでゆく端から記憶したのである。

こういう記憶法は、日本の「虚空蔵求聞持法」に似ている。イメージ記憶に訴えて暗記したのである。

羅什はここで仏典だけでなく、外道の経典である『リグ・ヴェーダ』『ヤジュール・ヴェーダ』『サーマ・ヴェーダ』『アタルヴァ・ヴェーダ』などもマスターしてしまったという。

このカシュガルの町に、かつて王族であったシューリヤバドラ、シューリヤソーマの兄弟の僧がおり、羅什は弟のシューリヤソーマ（須利耶蘇摩）に就いて、はじめて大乗仏教を学んだのであった。

羅什はこの時、『中論』『十二門論』『百論』を学んだという。居ること一年、西紀三六三年頃に羅什は生れ故郷の亀茲国に帰って来たのである。

羅什を得んと兵七万

西紀三七〇年、満二十歳になった羅什は、王宮において受戒し、一人前の僧となった。

『高僧伝』によると羅什は、この亀茲国で初めて『放光般若経』を読み、大悟したという。

その後、カシュミールで羅什の師であったバンドゥダッタが亀茲国にやって来て羅什と対論すること一ヵ月、ついに羅什の般若空観に屈して、「和上はこれわが大乗の師にして、われはこれ和上の小乗の師なり」と称讃した。

羅什の名声はにわかに高くなった。

その頃は世にいう「五胡十六国」の時代（三〇四―四三九）である。前秦の苻堅（ふけん）は、三七六年に華北を統一した。

三八一年、苻堅は将軍呂光（りょこう）を遣わして西域諸国を制圧せんとした。その目的は亀茲国にいる大学者羅什を得るためだった。呂光は兵七万を率い、三八二年九月に長安を進発した。

呂光の軍は高昌に至り、カラシャル（焉耆（えんき））を降し、三八三年十二月亀茲国に至った。羅什は国王白純に降伏をすすめたが、白純は従わず、戦う方を選んだ。戦いは持久戦になった。亀茲王は、西方の獪胡（かいこ）という部族の強兵を金で傭い、獪胡は二十万の大軍を送って来た。亀茲国側の兵力は七十万、呂光は七万で、数の上では亀茲側がはるかに優勢であったが、呂光は天才的な戦闘者でよく戦い、隙を見て精鋭の騎兵を亀茲城の西口から突入させ、一万余人を殺したので、亀茲側は総崩れになった。時に三八四年七月のことである。

“未だ什の智量を測らず”

呂光は羅什を捕えた。時に羅什三十五歳、呂光は羅什が余りにも若い白面の青年だったので、疑念を生じた。『出三蔵記集（しゅつさんぞうきしゅう）』の「羅什伝」によると、光、遂に亀茲を破り、純を殺して什を獲たり。光は性疎慢（そまん）にして、未だ什の智量を測らず。其の年尚少（わか）きをみて、すなわち凡人となして之に戯れ、強いて妻（めあわ）すに亀茲の王女をもってせり。什、拒んで受けず。辞甚だ若（ねんごろ）を到（きわ）む。光曰く「道士の操（みさお）は先父を踰（こ）えず。何ぞ辞する所あらんや」と。すなわち飲ましむるに淳酒をもってし、〔王女と〕同（とも）に密室に閉づ。什、やむなく、遂に其の節を虧（か）く。或は牛に騎せ、又悪馬に乗らしめて堕落せしめんと欲せしも、什常に忍辱を懐（おも）い、曾て異色無かりしかば、光慚愧（ざんき）して止めたり。

呂光には西部劇の悪人の如き残虐性があったと見える。羅什、羅什と苻堅が騒ぎ立てるのが癇（かん）に障（さわ）ったのだろう、羅什に酒を強いて飲ませ、亀茲国王の王女と共に密室に押し込めて破戒せしめた。また暴れ馬に乗せて振り落とさせようとしたりした。

僧侶でありながら異性と交わるのは波羅夷（はらい）罪として教団から追放されるのが掟である。たとえ強制されたにせよ、この事件は羅什にとって終生忘れることのできない屈辱であったに相違ない。

のちに呂光は羅什の真価を認め、側近に置いてその意見を聞いたりするようになる。

三八五年三月、呂光は軍を率いて帰国の途につく。その軍旅の中に羅什の姿があった。羅什は胡語・梵語で書かれた多数の経典と共に長安に向かうのである。

長安への遠い道

呂光の軍は高昌を出てから涼州刺史梁熙の軍五万の兵と戦い、これを打ち破り、梁熙を斬り、三八五年九月、涼州の姑蔵城に入った。それから一年後の三八六年九月に至って呂光は主君である苻堅の死を知り、「奮い怒って哀号」した。翌月、呂光は国を建て「後梁」と号した。羅什は政治顧問として呂光の側にいたようである。

三九九年十二月、呂光は死に、太子の呂紹が立ったが、妾腹の子で性粗暴な呂簒が呂紹を殺して王位についた。この呂簒は四〇一年二月、従兄弟の呂超に殺害された。

羅什は姑蔵に十六年もいた。学問僧としてではなく、政治・軍事の顧問として、神異の僧として遇されていた。

その間に羅什は漢語を習得し、中国の古典を学んだ。羅什にそれらを教えたのは、長安から羅什の名を慕って姑蔵にやって来た僧肇（三七四―四一四）であったと推定される。

三八三年十一月、苻堅が淝水の戦いに敗れると、苻堅に従っていた羌族の主長姚萇（三三〇―三九三）は長安の都の近くの馬牧で独立し、三八五年五月、敗残の苻堅を殺し、三八六年二月、空虚となった長安を占領して大秦（後秦）を建てた。三九三年十二月、姚萇は太子姚興に帝位を譲って死んだ。姚興は翌年四月前秦を破り、五月第二代の帝位についた。

姚萇は三八六年後秦を建てた時、後涼にいた羅什を招こうとしたが果さなかった。子の姚興は、羅什を実力で迎え取るために後涼に軍を送って征服し、ついに羅什を長安に迎え取ることに成功したのであった。

羅什は四〇一年十二月二十日、長安に入った。時に五十二歳である。

五　流れるごとき名訳

三十五部二九四巻の翻訳

羅什は四〇一年十二月からおよそ五年の間、仏典の翻訳に従った。場所は長安宮城の北、逍遙園（しょうようえん）の中である。そこに仏典翻訳研究所のようなものが置かれ、常時五百人の僧がいたという。訳経によって講経がなされた時は二千人、三千人に上ることもあったらしい。

この地は現在の陝西（せんせい）省西安県の西南二十キロ、終南山の北麓草堂寺である。そこには羅什の遺骨を納めたという舎利塔もある。この草堂寺は、唐末の八九六年、昭宗によって建てられたものである。

ここで羅什の訳した経典は『出三蔵記集』巻二の記述によると、三十五部二九四巻に上る。その主なものは、

新大品(だいぼん)経二十四巻
新小品(しょうぼん)経七巻
新法華経七巻　弘始八年夏於長安大寺訳出
新賢劫(けんごう)経七巻
新維摩(ゆいま)経三巻　弘始八年於長安大寺出
新首楞厳(しゅりょうごん)経二巻
十住(じゅうじゅう)経五巻
思益義経四巻
持世経四巻
仏蔵経三巻
菩薩蔵経三巻
称揚諸仏功徳経三巻
無量寿経一巻　或云阿弥陀経
弥勒下生(みろくげしょう)経一巻
金剛般若経一巻
諸法無行経一巻

遺教経一巻
十二因縁観経一巻
禅法要解二巻
禅経三巻
雑譬喩経一巻
大智度論百巻　於逍遙園訳出或分為七十巻
成実論十六巻
十住論十巻
中論四巻
十二門論一巻
百論二巻
十誦律六十一巻
十誦比丘戒本一巻
禅法要三巻

まず、口訳す

この中で、四〇二年二月に翻訳された阿弥陀経は梵本に最も忠実な簡潔流麗な名訳で、後に浄土教の所依の経典となり、今日でも多数の人たちに愛誦されている。

「新」の字を冠した訳経は、すでに竺法護その他の人によって訳出されていた経典を訳し直したものである。羅什は、先訳には梵本に相応せず誤訳されたところが多いので訳し直さなくてはならないと言っていた。

竺法護はすぐれた翻訳者だったかも知れないが、使用する漢語がはなはだ固苦しく難渋であった。賢劫経や法華経は特にそうであった。羅什はそれを簡潔流麗な漢語に訳し直したのである。

大智度論百巻は殊に有名であるが、この論の梵本もチベット本も存在しないので、今では羅什訳に頼るしかない。

この論は『大智度論記』に「もし尽くこれを出さば、まさに十倍ならんとす」とあるから、正直に直訳していたら千巻になってしまったであろう。それでは簡潔を好む秦人にはとても及びがたいので、羅什は簡潔達意な訳文で百巻にまとめてしまったのだという。この大智度論はインドの大学者ナーガールジュナ（龍樹）の作といわれるが、学者の中には、これは羅什の創作ではないかと疑っている者もある。

羅什は翻訳にあたって、まず、口訳する。翻訳文を口で言うのである。それを弟子たちが筆受する。この仮の翻訳文を、梵本や、旧い漢訳本と対照しながら羅什が講経する。それを聴聞した弟子たちがその内容について羅什と対論し、最後に決定訳を作ったといわれている。従って、羅什訳とはいっても、その文章には羅什の弟子だった漢人のすぐれた弟子たちの文章体がとり入れられていたわけである。羅什訳の読み易さはそういうところに原因があるのかも知れない。

流麗にしてメロディアス

それにしても羅什の訳した経典はどれをとりあげても、独得の美しいリズムがある。

たとえば法華経の「寿量品（じゅりょうぼん）」の「自我偈（じがげ）」の一節をとりあげてみよう。この梵文は、

11ヤダーピ　サットヴァー　イマ　ローカドハートゥム
パシュヤンティ　カルペーンティ　チャ　ドゥヒヤマーナム
タダーピ　チェーダム　ママ　ブッダクシェートラム
パリプールナ　ブホーティー　マルマーヌシャーナーム
12クリーダーラティー　テーシヤ　ヴィチトラブホーティ
ウディヤーナ　プラーサーダ　ヴィマーナ　コーティヤハ
プラティマンディタム　ラトナマヤイシュ　チャパルヴァタイヒ
ドゥルマイス　タター　プシュパプハライル　ウペータイヒ

これを直訳すると左のようになる。

11この世に存在する　これらの者たちが
この世界を見て　焼かれていると思う時
私に属する仏陀の国土は
神と人間とに充ち満ちているのだ
12おびただしい遊園・楼閣・鳳輦があり
かれらの遊戯・愛欲の楽しみはさまざまあり
宝石造りの山々、花咲き果実の実った樹々で飾られ

これを羅什は左のように漢訳した。

11衆生見劫尽　大火所焼時
我此土安穏　天人常充満
12園林諸堂閣　種種宝荘厳
宝樹多華果　衆生所遊楽

羅什及びその弟子たちは右のように発音したのではない。これは呉音の発音であるから羅什の誦する音とは異っている。それでも、中国語としてまことにメロディアスなものであったことは想像できる。ここに用いられている漢字はごくありふれたもので、我々が日常用いている漢字にすぎない。しかも、日本人の音韻で読んでも、実に流麗である。

日蓮宗や法華宗の僧も信者も、もう七百年もこれを読んでいる。

これを読み下しにして、「訓読」しても、これらの詩は実にメロディアスである。

11衆生、劫尽きて　大火に焼かるると見る時も
我が此の土は安穏にして　天人常に充満せり
12園林もろもろの堂閣　種種の宝をもって荘厳せり
宝樹・華果多くして　衆生の遊楽するところなり

この流麗な音感は、元の漢文が美しいからである。元の漢文の美しさは、梵文の美しさをはるかに超えている。実に驚くべき美しさで法華経全文が翻訳されたのであった。

法華経の読誦で命助かる

鎌倉期以来日本人は、この法華経全部を暗記して、仏前で読経したのであった。その習慣は今でも日蓮宗寺院の「部経」として継続している。日蓮宗の僧は、恐るべき迅さで法華経二十八品を仏前に読誦するが、それでもなお、音韻の美しさは保たれている。いや、音韻が美しいからこそ、「部経」も読み通すことができるのである。

日蓮は五十五歳の年に身延から南条七郎次郎時光にあてて手紙を書き、その中に、大橋太郎という武士がすでに頸斬られるところを、息子が法華経を読誦した功徳によって救われた話を引いている。

昔、筑紫に大橋太郎という大名がいたが、頼朝の勘気を蒙って由比浜の土牢に十二年間押しこめられていた。その子は七歳で出家して山寺に上り、昼夜に法華経を読誦してついには暗記するに至った。少年は十二の年、筑紫の寺を逃げて鎌倉へやって来る。そして八幡宮の神前で法華経を読みはじめる。

> 八幡の御前に参りて、伏し拝み申しけるは、「八幡大菩薩は日本第十六の王、本地は霊山浄土に法華経を説かせ給ひし教主釈尊なり。衆生の願を満て給ふが為に神を顕はれさせ給ふ。今我が願ひ満てさせ給へ、親は生きて候か死にて候か」と申して、戌の時（午後八時）より

法華経を始めて寅(とら)の時（午前四時）までに読みければ、なにとなく少(おさな)き声宝殿に響き亙(わた)り心凄(すご)かりければ、参りてありける人人も帰ることを忘れにき。皆人(みなひと)市のやうに集つて見ければ、幼き人にて法師とも覚えず女にてもなかりけり。折しも京の二位殿御参詣ありけり。人目を忍ばせ給ひておはしけるが、御(おん)経の貴き事常に勝(すぐ)れたりければ、果つるまで御聴聞(ちようもん)ありけり。さて帰らせ給ひておはしけるが、余りなごり惜しさに人を付けて置きて、大将殿（頼朝のこと）へ斯(かか)る事ありと申させ給ひければ、召して持仏堂にして御経読ませまゐらせ給ひけり。さて次の日又御聴聞ありければ、西の御門(みかど)人騒ぎけり。何(いか)なる事ぞと聞きしかば、「今日は囚人(めしうど)の頸切らるる」とののしりけり。哀れ我が親は今まで有るべしとは思はねども、さすが人の頸を切らるると申せば、我が身の歎きと思ひて涙ぐみたりけり。大将あやしと御覧じて、「和児(わちご)は何なる者ぞ、有りのままに申せ」とありしかば、上件(かみくだん)の事一一に申しけり。御侍(おんさぶらひ)にありける大名・小名・翠簾(みす)の内、皆袖を絞りけり。大将殿梶原を召して仰せありけるは、大橋太郎と云ふ召人進(まゐ)らせよとありしかば、只今頸切らんとて由比の浜へ遣はし候ひぬ。今は切りてや候らんと申せしかば、此のちご御前(みまへ)なりけれども伏しころび泣きけり。仰せありけるは、「梶原、我と走りて未だ切らずば、具してまゐれ」とありしかば、急ぎ急ぎ由比の浜へ馳(は)せ行く。未だ至らぬに呼(よば)はりければ、既に頸切るとて刀抜きたりける時なりけり。さて梶原、大橋の太郎を縄付(つけ)ながら具して参りて大庭に引き据えたりければ、大将殿此の児(ちご)に取らせよと有りしかば、児走り下りて縄を解きけり。大橋の太郎は我が子とも知らず、何なる事故に助かるとも知らざりけり。

こうして大橋の太郎は、我が子の法華経読誦の功徳によって不思議に命助かるのであるが、頼朝は「されば法華経は有難き事なり。頼朝は武士の大将にて多くの罪を積りてあれども、法華経を進じ参らせて候へば、さりともとこそ思へ」といって涙ぐんだとある。

もし法華経が羅什によって翻訳されたものでなく、たぐいなく美しい音律の文章でなかったとしたら、こうしたことも起こらなかったろうと私は思うのである。

"蓮花を採りて臭泥を取ることなかれ"

羅什は長安に来てからも、姚興に強いられて妓女十人をそばに侍らしめられた。姚興としては羅什に破戒させるためではなく、羌族の習慣に従ったまでであったろうが、羅什にとっては生涯負いつづけなくてはならぬ十字架だったろう。

羅什は口癖のように「たとえば臭泥の中に蓮花を生ずるが如し。ただ蓮花を採りて臭泥を取ることなかれ」と言った。どうしようもない臭泥を背負わされた羅什は、その中から妙法蓮華経という比類のない蓮花を花咲かせたのであった。

羅什の妙法蓮華経翻訳の時、僧叡の『法華経後序』は、

時に聴受領悟の僧、八百余人にして、皆これ諸方の英俊、一時の傑なり。是の歳、弘始八年（四〇六）なり。

という。また慧観の『法華宗要序』は、

秦の弘始八年夏、長安の大寺に於て、四方の義学沙門二千余人を集め、更めて此の経を出し衆と詳究せり。什自ら胡経を執り、口に秦語を訳す。曲さに方言に従いて趣きは本に乖かず。即ち文の益、亦已に半ばに過ぐ。

という。ともあれ、八百人乃至二千人というおびただしい僧とともに妙法蓮華経は訳出され、講経され、論議され、定本を定めていったのである。

竺法護の用いた梵本と、羅什の用いた梵本とは異種のものであったらしい。隋の時代に闍那崛多と達摩笈多の共訳した『添本妙法蓮華経』の序には、

昔、燉煌の沙門竺法護、晋武の世に正法華を訳す。後秦の姚興は更に羅什に請うて妙法蓮華を訳す。二訳を考験するに、定めて一本に非ず。護は多羅の葉に似たり。什は亀茲の文に似たり。余、経蔵を験して備に二本を見るに、多羅はすなはち正法（華）と符合し、亀茲はすなはち妙法（華）と允に同じ。護の葉はなお遺すところあり、什の文はむしろその漏なし。……

とあって、羅什の用いた原本が亀茲語で書いてあったというが、果して事実であろうか。なおよく調査すべき問題である。

果して舌は焼け残った

羅什は四〇九年八月二十日、六十歳で長安で没した。息を引きとる前に弟子たちに向かってこう言った。

法相の遇殊によるも、まだここに心を尽くしていない。まさにまたこの世を後にするに当って、惻愴はいいようがない。私は闇昧であるにもかかわらず謬って伝訳に充った。おおよそ訳出した経論は三百余巻である。ただ十誦律の一部だけはまだ删煩ができなかった。その本旨をとどめて、きっと差失（あやまり）はないであろう。およそ伝訳したものは後世に流伝（るでん）し、ことごとく弘通（ぐづう）されることを願う。今、衆の前で誠実の誓いを発（おこ）す。もし伝訳したものに誤謬がないならば、身体を焚（た）いた後も舌は燋爛（しょうらん）しないように、と。

羅什は言い終ると息絶えた。遺骸は逍遙園内の某所に移され、火葬された。その舌は、果して焼け残った。羅什の言う通りであった。

中央アジアのイメージ

昔のクチャ人が、今クチャに住みついているウイグル族と同系の人種であったかどうか知る由もないが、明らかにインド人でもなければ、漢民族でもない人種であったに相違ない。いうなれば中央アジア人である。

玄奘は『大唐西域記』の「屈支国」の項にこう言っている。

屈支国は東西千余里、南北六百余里ある。国の大都城は周囲十七、八里ある。穈（きび）・麦に適し、粳稲（うるちのいね）を産し、葡萄・石榴（ざくろ）を出し、梨・柰（からなし）・桃・杏が多い。土地は金・銅・鉄・鉛・錫を産する。気候はおだやかで、風俗はすなおである。文字は則（てほん）を印度にとり、少しく改変している。管絃伎楽は特に諸国に名高い。衣服は錦や毛織物を用い、髪は短くし頭巾(ずきん)をかぶる。貨幣には金銭・銀銭・小銅銭を使用している。国王は屈支種族である。智略とぼしく強力な家臣におさえられている。その習慣として子供を生むと、木で頭をおさえ遍平(ひらべつたく)しようとする。伽藍は百余ヶ所、僧徒は五千余人で、小乗教の説一切有部を学習している。教義の規準は則(のり)を印度にとり、その読みならうものは印度文である。いまだに漸教(ぜんきょう)にとどまり、食は三種の浄肉をまじえている。きよらかにたのしみつとめ、人々は功徳を積むことを競っている。

こんなクチャ人によってわれわれの読む妙法蓮華経は翻訳された。そのイメージは、インドのそれではなくて中央アジアのそれである。稲の穂が輝き、梨の花、桃の花、杏の花が咲き乱れる国である。その風景は、日本のそれと大して変わりはない。繊細にして華麗な風物である。そんな中から、われわれの妙法蓮華経のイメージは創り出されていったのである。われわれ日本人が法華経のイメージに心ひかれ、千年近くもこの経典を読誦しつづけて来たのも故(ゆえ)なしとしないのである。

第2章

オペラ白蓮花の序曲

時我及衆僧　倶出靈鷲山　我時語衆生
以方便力故　現有滅不滅　餘國有衆生
我復於彼中　為説無上法　汝等不聞此
我見諸衆生　没在於苦惱　故不為現身
因其心戀慕　乃出為説法　神通力如是
常在靈鷲山　及餘諸住處　衆生見劫盡
我此土安隠　天人常充満　園林諸堂閣
寶樹多花菓　衆生所遊樂　諸天撃天鼓
雨曼陀羅花　散佛及大衆　我浄土不毀
憂怖諸苦惱　如是悉充満　是諸罪衆生

如来寿量品第十六偈

一　七百年ぐらい、ついせんころ

「日蓮上人は、ついさっき……」

私がいつか花巻の町を訪れて、宮沢賢治の弟の清六さんと一緒に北上川の岸辺のイギリス海岸を歩き廻った時、清六さんはそのイギリス海岸で時々掘り出されるくるみの化石を私に見せて、

「紀野さん、このくるみの化石はどれぐらい昔のものだと思いますか？」

と訊かれた。私がとっさに、

「一万年ぐらい前ですか」というと、

「とんでもない、百万年前ですよ。百万年前のくるみの化石がまだこんなに軟かいんですよ」

と言われた。このなんでもないひと言が私にはひどくこたえた。

それから何年かたって、私の主宰している真如会の二十周年記念の時、本門寺の朗峰会館に宮沢清六さんに来て頂いて記念講演をして頂いた。

清六さんは「わたしは話が下手で、やったこともありませんし、どうかごかんべん下さい」と固辞されたが、私に押し切られて、ついに承諾された。

その時は、三十分ぐらいで話の種が尽きた。清六さんは腕時計を見て、

「いやあ、時間というものは経たないものですね、紀野先生、やめてはいかんでしょうか？」

と言われる。私が首を振って「だめですよ」と言うと、困り果てた清六さんは

「仕方がないから、中学一年の時に教わった英語の歌を歌います」

といって歌われたが、そんなものは三分ぐらいで終ってしまう。困り果てた清六さんが苦しまぎれに思い出したのが、イギリス海岸のくるみの化石のことだった。

「その化石は百万年前のものです。百万年前の化石が、まだ軟かいんです。ですから、百万年前ったって、ついせんころ（先頃）なんですよ。百万年が先頃なんですからね、日蓮上人は、ついさっきその辺を歩いておられたんですよ」

と言われた。満場大爆笑、大拍手で、めでたく清六さんのお話は終った。

私の横にいた青年が小声で私に訊く。

「先生、せんころ、って英語ですか？」

私は失笑した。

「馬鹿、日本語だ。先頃というのを花巻の方じゃ、せんころっていうんだ」

これで「せんころ」の方も有名になった。

私はあの時のなごやかな、鮮烈な場面が右脳に焼きついて忘れ得ない。

七百年前の日蓮上人が、清六さんの「せんころ」のおかげで、ついさっきそこに居られたよう

に鮮烈なイメージとなって甦って来た。

二億年は一宇宙年

七百年ぐらい、ついせんころなのだ。法華経が創作しはじめられた紀元前後など、たったの千九百七十二年、これもせんころなのだ。

こんな風に宇宙的、巨視的な人生観・世界観で法華経を読まなくては、読んだことにもならないのだ。

ある時、愛読している雑誌『東アジアの古代文化』一九七五年厳冬号を読んでいたら、旧知の森本哲郎氏が「古代への旅」というユニークな随想を書いておられた。氏は、イギリスの天文学者オーベンデンの『宇宙の生命』の内容をとりあげてこんなことを言っておられる。

たとえば、われわれの住んでいる地球は太陽系に属しており、太陽系はさらに銀河系宇宙の端のほうに位置しているわけだが、その銀河系宇宙は約六万光年の直径を持った薄い円盤のようなものだそうである。そういわれても、宇宙的な思考に慣れていない人にはピンとこない。だが、月から地球へ光が達するのに要する時間は一秒ちょっとだといわれると、六万光年という直径が、いかに気の遠くなるような距離であるか、しだいに実感がわいてくる。

ついでにいえば、太陽から地球に光が届くまでの時間は約八分である。

銀河系宇宙がどれほど広いものであるかは、次のような事実からも思い知らされる。

前記のように、われわれの地球がそれに属している太陽系は銀河系宇宙の片隅にあるのだが、この太陽系、つまり太陽とその惑星たちは、一時間になんと百六十万キロメートルの速度で銀河系宇宙を廻っているという。時速百六十万キロなどといわれたら、それがどのくらいのスピードなのか、私たちにはとうてい表象できない。ジェット旅客機の時速はせいぜい千キロである。だが、想像もつかぬそんなスピードで廻りながら、太陽が銀河系宇宙を一周するのには二億年もかかるというのである。

かくも広い世界を、ときどき考えてみることは、精神衛生のうえからも大いによろしいことだ。そうすると、自分たちがいま、くよくよと考えていることが、いかにささいなことであるか、思わず吹き出したくなる。日常生活のこまごましたことにかぎらない。このような天文学的尺度で、ときには人間の歴史を考え直してみる必要がある。すると、私たちが抱いている歴史のイメージが、まったくちがったふうに見えてくる。つぎのように。

太陽が銀河系宇宙を一周するのに必要な二億年という時間を、天文学者たちは一宇宙年と称している。つまり、手数をはぶくために、二億年を一年に置きかえるわけである。この宇宙時間で人間の歴史を考えてみると、いったいどういうことになるであろうか。イギリスの天文学者オーベンデンはつぎのように述べている。

……六年ぐらい前に地球上に原始的な生命があらわれた。一年前は恐龍が歩きまわってい た。最初の人間が出現したのはつい昨日のことであり、その人間が進化して話をするよう になったのは四時間ほど前である。そして人間たちはほんの三十分ぐらい前に都市をつく りはじめた。宇宙の時間尺度では、文明の全過程は一時間ちょっと前におこったにすぎな い。(M・W・オーベンデン『宇宙の生命』)

そして彼はこんな年表、および時間表をつくっている。

銀河系の形成＝一〇〇年前（二〇〇億年前）
太陽の形成＝二五年前（五〇億年前）
地球の形成＝二〇年前（四〇億年前）
恐龍の出現＝一年前（二億年前）
人間の出現＝一・八二五日前（一〇〇万年前）
都市の発生＝二五分前（八千年前）
キリスト紀元＝五分一五秒前（二千年前として）
ナポレオン退位＝二四・五秒前

つまり、私たちが『古代』などと考えている時代の出来事は、このような宇宙的な尺度では、せいぜい数分前のことにすぎないのである。（註・原文では人間の出現を一・七五日前にしてあるが、一〇〇万年は二億年の1／200で、365／200は一・八二五日前となる）

人間の生死を超えて

この森本氏の随想は衝撃的であった。私はオーベンデンにならって仏教の年表を考えてみた。

釈尊の死＝六分十二秒前（紀元前三八三年）
法華経の成立＝五分十五秒前（紀元前後）
日蓮の死＝一分五〇秒前（七〇〇年前）
（註・以前『法華経の風光』第一巻にのせた数字とは違っている）

宇宙の時間尺度でいえば、日蓮上人は「ついせんころ」どころか、一分五〇秒前に池上宗仲の邸で亡くなられたばかりということになる。

そういう壮大な、宇宙的な人生観を持つことは、森本氏のいう通り「精神衛生のうえからも大いによろしい」だけでなく、法華経を理解する上には必須の条件だということになる。私はそういう人生観でいつも法華経を読み、人生を眺めている。これが真に身につくようになったら、人間の生死などをはるかに超えた悠久の生命に触れることができるだろうし、死の恐怖なども小さな小さなとるに足らぬものになってしまうだろうと思われる。

二　芸術的な大乗経典の創作

俗人の手で葬儀を

日本に伝わった仏教は「大乗仏教」だといわれる。これに対して、釈尊の説かれた教えは「原始仏教」と呼ばれる。

大乗仏教の経典は、紀元前後頃から作られはじめたという。般若経も、法華経も、華厳経も、大無量寿経も、維摩経も、みんなその頃から作られはじめたのである。

どのお経も、原始仏教の経典と同じように「如是我聞」（かくのごとく私は聞いた）で始まっているし、「一時仏住王舎城耆闍崛山（おうしやじようぎしやくつせん）」という風に、説いた人と、説かれた場所を明記するので、大乗の経典もまた釈尊によって説かれたのだと思いこみがちだが、実はそうではない。そういう手順を踏んだだけのことである。出来上ったのはいずれも紀元後なのだ。

釈尊は紀元前三八三年に亡くなっているのだから、釈尊の死後四百年ぐらいたってはじめて大乗経典は姿を現わしはじめたことになる。

では誰が般若経を書き、誰が法華経を書いたのであろうか。釈尊の臨終が近づいた時に、いつもお側についていた侍者(じしゃ)のアーナンダ(阿難)が、釈尊の遺骸をどうすべきかについて質問した。それに対して釈尊はこう答えられている。

アーナンダよ、おまえたちは如来の遺骸をどう供養すべきであるかなどということに心を煩わしてはならない。……おまえたちは最高善に努力すればいいのだ。……アーナンダよ、如来に対して信心をいだいている武士階級出身の学者や、婆羅門階級出身の学者や、資産者階級出身の学者が如来の遺骨の供養をするだろう。

この言葉は、南方の仏教に伝わっているパーリ語で書かれた『大般涅槃経(だいはつねはんぎょう)』(マハー・パリニッバーナ・スッタンタ)の中に書いてある。これらの南伝の経典は、比丘たちが暗記して伝えてきたものをパーリ語で書き記したものである。それらの南伝の経典の中でもこの経は特に古いものだといわれている。紀元前三八三年に死なれた釈尊の晩年が手にとるように精細に書きとどめてあるのは驚異的である。

とにかく、釈尊の葬儀に直接たずさわったのは俗人たちだったということが分る。火葬にした場所はインドの北のゴーラクプールの町の北にあるカシャーという部落の町外れである。そこにマルラ族が戴冠式を行なうマクタ・バンダナ・チェーティヤ（繋冠廟）があり、そこで火葬された。今は「ラマバル塚」と呼ばれている。

この時遺骨は八つに分けられた。受けとったのはマガダ国のアジャータサットゥ王（阿闍世王）、ヴェーサーリのリッチャヴィ族（離車族）、カピラヴァッツのシャカ族（釈迦族）、アッラカッパのブリ族、ラーマ村のコーリヤ族、ヴェータ島の婆羅門、パーバーのマルラ族、クシナーラーのマルラ族の八者で、それぞれ持ち帰って塔を建てた。裁定をしたドーナ婆羅門は「瓶塔」を建て、ピッパリ村のモーリヤ族は「灰塔」を建て、都合十個の仏塔が建てられた。

「釈尊にかえれ」

およそ百五十年後、マウリヤ王朝のアショーカ王（阿育王）は、仏塔を発掘して得た遺骨を細分して全インドにおびただしい仏塔を建設した。

これらの仏塔を管理したのは、都市の資産者・地主・商人たちであった。

この人たちはかつては比丘教団（サンガ）を供養し支えて来た人たちだったが、比丘たちが教理解釈の相違から二十の部派に分れ、経や律の研究書である論書を作るのに熱中したりして在家信者の宗教生活の指導などさっぱりしてくれないので比丘教団に見切りをつけ、「釈尊にかえれ」の旗印のもと、仏塔のまわりに続々と集結するようになった。仏塔を拝むことは釈尊を拝むのと同じだったのだ。

彼らは「仏塔信者団」を形成し、自分たちを「ボーディサットヴァ」（菩薩・さとりを求める者）と呼び、その団体を「ガナ」と呼んだ。「ガナ」は商人の共同組合のことである。

この「菩薩団（ガナ）」は別に「比丘教団（サンガ）」と争う気はなかったのだが、菩薩団に有志の比丘が加わるようになってから次第に対立するようになった。参加した比丘は、菩薩団に加わっても、比丘としての生活は止めなかったから、「比丘菩薩」と呼ばれた。法華経に登場する常不軽（じょうふきょう）菩薩は比丘菩薩の一人である。

比丘教団はこの新興の菩薩団が気に入らなかったようだ。殊に、比丘でありながら在家の菩薩団に身を投じたような人たちが気に入らなかったようだ。『大宝積（ほうしゃく）経』の「摩訶迦葉会（まかかしょうえ）」の中にこんな文句がある。


迦葉よ、われ、在家の無智の衆生に善根（ぜんごん）を植（う）えさしめんがために、舎利（しゃり）を供養せんことを説けるに、かのもろもろの痴人（ちじん）は、わが意を解（げ）せずして、ただこの業をなすのみ。

かの愚痴の人は、わが法の中において出家を得たりといえども、わが法を解せず、出家の行を捨てて、ただ塔廟（とうみょう）舎利を供養し、自活のためのゆえに、衣鉢（えはつ）を得んがために、利養のために、名聞（みょうもん）のためのゆえにこの事をなさんゆえに、舎利を供養するなり。……迦葉よ、まさに来るべき世の後の五百歳においては、相似の沙門あって衣服・形貌は沙門に似せ像れども、戒は相似ず、定は相似ず、慧は相似ざるなり。

この文章は、来るべき世にこうなる、といっているが、これはインド人のいつものやり方で、今見ている有様をこういう風に書くのである。たしかにこんな風だったのだ。

独自の経典を創作しよう

しかし、仏塔への憧れから比丘が仏塔信者の方へ走ったのでは堪らない。そこで比丘の各部派は競って仏塔を建設するようになる。

さてこうなると、比丘教団と仏塔信者団との格差がなくなってしまう。そうなると、経や律を持っている比丘教団には叶うはずがない。

そこで、仏塔信者団の中にさらに革新的な団体が生まれて来て、自分たち独自の経典を創作しようではないかという動きが活潑になって来たのであった。私はこの団体を仮に「経典結集菩薩団」と呼んでいる。

こうして創られはじめたのが、般若経や、法華経や、大無量寿経や、華厳経や、維摩経や、大日経などの、いわゆる大乗経典であった。

これらの大乗経典は、原始仏教の経典がパーリ語で書かれていたのに対して、サンスクリット（梵語）で書かれた。そして、教訓的というよりはきわめて芸術性の高い、文学的な経典であった。この梵本を、中国のすぐれた翻訳僧が片っ端から中国語に訳していった。それが漢訳経典である。このおびただしい漢訳の大乗経典が次々に日本に輸入され、読まれ、研究されて、日本の大乗仏教が出来上っていったのである。

弘法大師は大日経や理趣経を中心にして真言宗を立て、伝教大師は法華経を中心にして天台宗を立て、法然や親鸞は大無量寿経や阿弥陀経や観無量寿経を中心にして浄土宗や浄土真宗を立て、日蓮は法華経を中心にして法華宗を立てたのであった。

そういう法華経をこれから読んでゆくわけである。

三　法華経の序曲

「四十余年、未顕真実」

大乗仏教の経典の中には、その前に「開経」を置き、その後に「結経」を持つものがある。法華経の開経は『無量義経』で、オペラでいえば序曲のようなものである。オペラの序曲は美しい主旋律を持ち、それを聴いただけで聴衆はそのオペラの華麗な風光の中にひきこまれて、はや、陶然とするのである。

オペラ白蓮花の序曲ともいうべき無量義経はまずこう歌い上げた。

善男子、われ先に道場菩提樹の下に端坐すること六年にして阿耨多羅三藐三菩提（最高のさとり）を成ずることを得たり。仏眼をもて一切の諸法（存在）を観ずるに、宣べて説くべからず。ゆえはいかん、もろもろの衆生の性欲不同なることを知れり。性欲不同なれば種々に法を説けり。種々に法を説くこと方便の力をもってす。四十余年には未だ真実を顕さず。

（平楽寺版二一頁）

この最後の一句を棒読みにして「四十余年、未顕真実」というのだ。この一句は、鎌倉時代に日蓮が高らかに唱えてから殊に有名になった。法華経以前に説かれた経典の中には、いまだ真実は顕われていないと釈尊その人が言われているではないか、法華経こそは真実の経典なのだと、日蓮は言った。その根拠がここにある。これこそこの法華経というオペラの序曲の主旋律である。

日蓮は、流罪となった佐渡の雪の中で『開目抄』を書き、その中でこう言っている。

大覚世尊は、四十余年の年限を指して、その内の恒沙の（ガンジス河の沙の数ほどに多い）

諸経を「未顕真実」、八年の法華経は「要当説真実」と定め給ひしかば、多宝仏、大地より出現して「皆是真実」と証明す。

真実甚深

法華経は釈尊の晩年に説かれた教えで、これこそ真実の教えだと無量義経はいう。それまで四十余年の間に説かれた教えが嘘だというのではない。それらはそれぞれに真実なのだが、衆生の理解力に合わせて説かれた方便の教えなのだから、相手に合わせての真実である。誰にとっても、どんな時にでも、生きてくる絶対の真実、それが法華経に説かれている真実だというのだ。

無量義経はそれを、

われ、この経を説くこと、甚深、甚深、真実甚深なり。（平楽寺版三一頁）

という。「あなたは真実に生きているか?」と問われると誰でも「ええ、生きています」と言うだろうが、重ねて「甚深、甚深、真実甚深に生きているか?」と問われると、「さあ、そこまでは」と言葉を濁すだろう。甚深、甚深、真実甚深というのは、嘘の多い生き方や、インチキな生き方までが真実になってしまうようなすさまじいものなのだ。

剣の至高の境地は「相討ち」、さらに至極の境地は「相抜け」といわれる。共に抜けてしまう剣の立合いというのは、この真実甚深ではないか。それは、法華経の「如来寿量品」にいう「質直」ではないのか。「質直」を私は「馬鹿丸出し」と言っているのだが、人間のすることすべて「虚仮」（空しいインチキ）だとすれば、それをかくさずに丸出しにしてゆくところにこそ自ら道が開けてゆくのではあるまいか。

「まず人を救え」

さて、この序曲のもう一つの主旋律は、「自分を救うよりもまずひとを救え」である。

もろもろの衆生において憐愍の心を生じ、一切の法において勇健の想を得ん。壮んなる力士の、あらゆる重き者をよく担い、よく持つがごとく、この持経の人もまたかくのごとし。よく無上菩提（さとりという）重き宝を担い、衆生を担い負いて生死（まよい）の道を出だす。未だ自ら度すること能わざれども、すでによく彼を度せん。

この最後の言葉を棒読みにして「未能自度、已能度彼」という。別のところでは、「雖未自度、而能度彼」と言っている。

> 第四にこの経の不可思議の功徳力とは、もし衆生あってこの経を聞くことを得て、もしは一転、もしは一偈ないし一句もせば、勇健の想を得て（勇気が出て）未だ自らは度せずと雖も、しかもよく他を度せん。（平楽寺版三七頁）

一転とは一転読すること。一遍読めば、というのではない。一度読んだらひっくり返ったという読み方をすればということである。一句でも一偈でもいい、そんな読み方ができたら、自分は救えなくても他人を救うことはできるのだという。

これを読んで、あっと思った人がいる。それは、鎌倉時代に出た詩人哲学者道元禅師である。道元はこれを「自未得度、先度佗」（自らは未だ度することを得ざれども、先ず他を度せ）と言いあらわした。『正法眼蔵』の「発菩提心」の巻にいう。

> 発心とは、はじめて自未得度先度佗の心をおこすなり。これを初発菩提心といふ。この心をおこすよりのち、さらにそこばくの諸仏にあひたてまつり、供養したてまつるに、見仏聞法し、さらに菩提心をおこす、雪上加霜なり。……衆生を利益すといふは、衆生をして自未得度先度佗のこころをおこさしむるなり。自未得度先度佗の心をおこせるちからによりて、

われほとけにならんとおもふべからず。たとひほとけになるべき功徳熟して、円満すべしといふとも、なほめぐらして衆生の成仏得道に回向するなり。この心われにあらず、佗にあらず、きたるにあらずといへども、この発心よりのち、大地を挙すればみな黄金となり、大海をか（掻）けばたちまち甘露となる。（岩波文庫本・中・四〇八頁）

道元は、人が発心する、菩提心を発す、ということは自未得度先度佗の心をおこすことなのだと言う。まず人を助けたい、まず人を幸せにしたいと願うことだという。そういう心をおこしたことによって大きな功徳が得られたら、それをさらに他人の幸せを願う方に向けてゆく。回向というのは方向をそちらに向けることなのである。

そういうことができるようになったら、大地は黄金になる、大海は甘露（アムリタ・不死のこと）となるのだという。

そうだろう、大自然がその最も美しい姿を見せてくれるのだ。

人の心はなんと不思議だろう。自分のことよりも他人の幸せを念ずる心をおこすだけで大地は黄金となるのだ。しかし、いい加減なおこし方ではなるまい。天地がひっくり返るほどの思いでやるのだ。そうすればきっと、そうなるのだ。

四「太陽が出ると、その枝は光ります」

悩みは一発で吹っ飛んだ

うちの長男の真輝（まさき）が生まれたばかりの頃、群馬県の山奥の日蔭村という、あまり太陽の光のあたりそうにない名前の村から出てきたけさ代ちゃんという少女が、まだあまり動けない家内に代って毎日毎日、おむつの洗濯や台所の仕事やらを手伝ってくれたのであった。この少女は、生まれた時にへその緒が頸に十字にお袈裟のように巻きついて半仮死の状態で生まれ、奇蹟的に助かったので、けさ代と名づけられたのである。二月の冷たい水の中に、汚れたおむつを入れてはすすいでいるけさ代ちゃんはいつも明るくて、うちではどれだけこの少女に助けられたか知れない。

まだこのけさ代ちゃんが、山奥の高校に通っている頃、この子のすぐ上の姉が「高校に通っているけさ代が学校へ行くのをいやがるんです、あのままではあの子は気が狂ってしまいます、先生、助けて」と泣きながら訴えて来た。この子たちは三人姉妹で、三人ながら真如会の会員になり、三人ながら幸せになっていったという因縁がある。上の二人がまだ例会に出席していた頃の話である。

「こんどの日曜日の例会の時、私のところへ連れておいで」と私は言った。その日、二人は揃ってやって来た。その日の私の話は、『銀花』二十四号にのった佐藤勝彦という風変りな、馬鹿丸出しというていの画家の話だった。ちなみに佐藤勝彦さんとはのちに知己となり、真如会の高野山結集にも来て頂き、最近の私の著書の表紙を飾る絵をもう三冊も描いて頂いているという因縁がひらけていったのであるが、その時はまだ未見の人であった。

『銀花』の編集長の細井富貴子さんが「お地蔵さんの肉筆画を五百枚ぐらい書いて頂いて特装版を作りたい」と言ったら、「六万部全部にのせなさいよ、六万枚描くから」とこともなげに言った話や、結局八万枚描かされ、最後には「しっかりしろ」「もうくたびれた」「ねむいなあ」という字が続出したという話や、信貴山の管長さんが字が下手で筆を持たないときくや勝彦さんが「下手！　そりゃすばらしい、この世の中に下手と言われるほどすばらしいものはない。うまい人が下手な字書けますか、下手な人は下手な字しか書けないということほどすばらしいものはありません。あなたは選ばれているんですよ」とおだてて、管長さんは下手のままで般若心経を書き出したという話や、教え子たちには勝手に好きなことをさせといて自分は判コなんか彫ってるという授業の話や、「今幸せでないもんが、明日どうして幸せになるんや」という話などで、満場爆笑に次ぐ爆笑、笑いっ放しでその日の話は終った。けさ代ちゃんは最初から最後まで大口あけっ放しの笑いっ放しであった。ノイローゼなど一発で吹っ飛んだのだ。

〝キラキラ光ってきれいです〟

やさしい姉は話が終ると妹と一緒にすぐに私のところへやって来た。

「先生、わたくし、恥かしいですわ、妹ったら、あんなにニコニコして、癪にさわりますわ、〈どうしたの、あなた〉っていいましたらね、妹ったら、〈紀野先生にお目にかかれたのに変な顔なんかしてられないわ〉ですって。ほんとに先生、ご心配おかけしてごめんなさい」

やさしい姉は、心からうれしそうであった。二人は手をとり合うようにして嬉々として帰っていった。それからまもなく、群馬の山奥の日蔭村から彼女の便りがやって来た。その手紙は実に美しい手紙だった。「大地を挙すればみな黄金となり、大海をかけばたちまち甘露となる」というていいのすばらしい消息だった。


家に着くと夜でした。雪が降り、大きなふわふわしたぼたん雪です。ずーっと見ていたら天に連れて行かれそうでした。積ると思っていたのですが、十分くらいでやんでしまいました。十分くらいして、また降り出しましたが、薄いじゅうたんをひいただけで、お月さまが出て、お星さまが出て、それっきり降りませんでした。

美しい夜空です。紀野先生にも見て頂きたいほどです。私の住んでいるところは、山と山との間にある小さな村です。家の前には川が流れています。小さな川ですが、洗濯はそこでします。

山の木はみんな葉を落としてしまいましたが、太陽が出ると、その枝は光ります。雨の滴がついている時は最高です。キラキラ光ってきれいです。クリスマス・ツリーはきっとこんな自然から学んだのではないかしら？　なんて考えて楽しんでいます。今までは、自然が太陽に光り出されて、こんなにも光っているなんて知りませんでした。妹に聞いたら、ずーっと前から知っていたと言われました。姉の答えも同じです。知らなかったのは私だけだったようです。うれしいです。自然がこんなにキラキラ光っているなんてうれしいです。

「随順して逆らわじ」

キラキラ光っていたのは自然だけではない。彼女の魂こそキラキラ光っていたのだ。彼女は光代というその名前の通り、世の中を光あらしめているのだ。このひとは、妹のことを案じ、いとおしみ、救いたいと思い、私のところへ飛んで来た。妹が救われ、彼女も救われて、ふいに「大地を挙すれば黄金となり」という世界を日蔭村の雪の夜に教えてもらったのだった。

このひとは、毎年のように私の誕生日に花屋さんから白い花の一束を贈りつづけてくれた。差出人の名のないその白い花束は、数年の間、「幻の美女からの贈りもの」としてみんなに楽しみにされていたが、ある年、閃めくようにこのひとのやさしい顔を花束の向うに見たような気がしたところ、まさしくその通りだったのである。

無量義経の一節に「随順して逆らわじ」という名句がある。人に逆らってばかりいるこの頃の日本人は名句とは思うまいが、どたん場に追いつめられたことのあるひと、殺すか殺されるかの修羅場をくぐり抜けて来たひと、愛するひとのためなら自分の命など何度投げ出してもいいと思うひとは、きっと、名句だと思うに違いない。さっきの「未だ自ら度せずと雖も、而も能く他を度せん」にすぐ続いて、

もろもろの菩薩と、以て眷属（けんぞく）となり、諸仏如来、常にこの人に向ってしかも法を演説したまわん。この人聞きおわって悉（ことごと）くよく受持し、随順して逆らわじ。うたた、また人のために宜しきに随って広く説かん。（平楽寺版三七頁）

とある。

このひとはまことに「随順して逆らわじ」のひとであった。今このひとは、幸せな結婚をして、幸せに生きている。今は、夫とその親に随順して逆らわぬ自然な生き方をしているのであろう。このひとのことを思うたびに私の心はほのぼのと暖かくなるのである。

五　あっという間に怨みを捨て

あらゆるものには自我がない

人の怨みは執念深い。人の心にこれがとりつくと、次第次第に深いところに食い入って、その人の心を狂わしてしまう。

そんな怨みも、この法華経を聞いて歓喜し、信興(ぎょう)し、希有(けう)の心を生じ、受持し、読誦(どくじゅ)し、書写し、解説し、説の如く修行し、菩提心をおこし、大悲の心をおこして、一切の苦悩の衆生を度(わた)したいと思ったら、次のようになる。

> いまだ六波羅蜜を修行することを得ずといえども、六波羅蜜自然に前に在り、即ち、この身において無生法忍(むしょうぼうにん)を得、生死・煩悩一時に断壊(だんね)して、菩薩の第七地に昇らん。……生死の怨敵(おんぢゃく)、自然に散壊(さんね)し、無生忍の半仏国の宝を証し、封の賞あって安楽ならん。（平楽寺版四三頁）

この中の「いまだ六波羅蜜を修行することを得ずといえども、六波羅蜜自然に前に在り」という文句は、顕本法華宗の勤行要典の中にとり入れられていたので、子供の時から唱えていたなつかしい文句である。

「六波羅蜜」は大乗仏教の菩薩の守るべき六つの徳目のことで、布施すること、定められた戒を持つこと、忍ぶこと、精進すること、禅定、智慧の六つである。それをことさら修めなくても自然にそれが具わってくるというのだ。特別布施しようという気をおこさなくても、いつのまにかお金を出していたり、規則を守ろうという気はないのに、ちゃんと規則通りに生活していたりするというのだ。

「無生法忍」の原語は「アヌートパッティカ・ダルマ・クシャーンティ」で、「この世に存在するものにはすべて自我がなく、生ずるということがないと認めるに至った境地」という意味である。「忍」は「クシャーンティ」で、「認めたくないという気持はあるのだが、それを抑えて認める働き」のことである。

あらゆるものに自我がないとすると、自分というものもなくなってしまう。自分の自我だけはなんとしてでも認めたいという気持が働いてくるのが人間というものだろう。それを抑えて、やはり自我というべきものはないというのがほんとうだと認めるわけである。自分について、自分を生かしているものについての内省が深くなるにつれてそういう境地になる。いろんなものに生かされているということが分る。夫に生かされ、妻に生かされ、親に生かされ、子に生かされ、ありとあらゆるものの力に生かされていること、究極的には永遠なるものに生かされている、仏さまに生かされていると認めざるを得なくなる。それが「さとり」であり、それが救われていることであり、それが「仏ひとつ」という世界なのである。

生き死にのくり返しである「輪廻（りんね）」が断ち切られる。迷いというものが断ち切られる。生死輪廻の元であった「怨み」「敵意」「怨念」というものがなくなってしまう。人間は死ぬ時に「死んでも死に切れない」という怨念があるから、再び輪廻するのである。死ぬ時は淡々と、己れを生かしてくれていたものすべてに感謝して死ななくてはならない。

無条件で赦す

人はしかし、なかなかそういう死に方ができないのだ。死に際の一念ということで、私の脳裏に焼きついて離れない一人の紳士がある。

ずっと以前、私が紀州に散在する西山浄土宗のお寺で講演した時、最後に赴いたのが箕島という、野球で有名な高校のある町のお寺であった。

その時、本堂を埋ずめた満員の聴衆のまん前に、羽織袴に威儀を正した初老の紳士が坐っていた。講演の間じゅう、きちんと正坐し、身を乗り出すようにして聴き、おかしい時は、大口あいて哄笑するという人であった。

その人が、講演が終るとまもなく、別室にいた私に、「ひとつだけお伺いしたいことがあるので入っても宜しいでしょうか」と言って来られた。

その人を一瞥すると住職は私の耳に口を寄せて小声に早口で、「あの方は胃ガンでもう今日明日という命なのです。昨日まで入院していたのですが、今日は先生のお話があるというので、院長の特別の許可をもらって出て来られたのです。そのおつもりで」と言われた。

その紳士は畳に額をすりつけるようなていねいなお辞儀をしたあとでこう言われた。

「先生のご本の中に、憎しみを捨てる時は完全に捨ててしまわなくてはならぬと書いてありましたが、そうしなくてはいけないものでしょうか？」

「そうしなくてはいけないと思います」

「私は胃ガンを病んでおります。もう助からぬと思います。しかし私には、どうしても赦せない男が一人おるのです。死ぬ前にその男に会って、話し合った上で、その男が心から詫びてくれたら快く赦して、その上で死んでゆきたいのですが、そうするのは間違いでしょうか？」

死に直面している人に「それでいいでしょう」と言ってあげたいのは山々だったが、それはできない。死に直面している人だからこそ、ほんとうのことを言ってあげなくてはならないと私は思った。

「それはなりません。話し合って相手が詫びたから赦すというのでは赦すことになりません。赦すのなら無条件で赦すのです。それしかありません。話し合って相手が詫びなかったらどうするんです。死んでも死に切れんでしょうが。それではあなたは、輪廻することになります。無条件で赦してあげなさい。それしかないのです」

その人は下うつむいたまましばらく黙っていた。やがて顔をあげ、いかにも晴れ晴れとした顔でこう言われた。

「先生、よう分りました。この場であの人に対する怨みは捨てました。あの人を赦すことにします。どうもありがとうございました。これで、安心して死ぬことができます」

その人は、再びていねいに額を畳にすりつけてお辞儀をされ、袴の裾をさっと捌(さば)くようにして部屋を出てゆかれた。その笑顔が忘れられないのだ。

欻然として回することを得ん

その後何度紀州箕島の町を通りすぎたか知れぬ。ある時は車で、ある時は列車で、去年は卒業する学生たち百人と共に、箕島の町を通りすぎた。通りすぎるたびに私は、名前も知らぬあの紳士の冥福を祈った。あの人はあの時、「生死の怨敵、自然に散壊し」、やがて何の念も残すことなく晴れ晴れと仏のいのちに帰ってゆかれたことであろう。

あの人の怨念は、かなり深いものだったのだろう。あの人は、病院でもう死にかけていたのだ。あの人はお念仏の信者だ。

その人は、私が箕島に来たと知るや、どうしても私に会いたくなった。私の本をよく読んでいた人だから、私の信心の根底が法華経だということは百も承知だったろう。お念仏の信者が、死の間際に、法華経の信心の者の話を聴きたいと思うのはよくよくのことだろう。あの人は、突然、どうしても私に会いたくなったのだろう。『無量義経』は、法華経の不可思議な功徳として次のようにいう。

経の威力をもってゆえに、その人の信心を発し、欻然（くつねん）として回（え）することを得ん。（平楽寺版四四四頁）

「欻然」は「忽然（こつねん）」と同じで、たちまちおこることである。前触れも何もなしに、あっという間にそうなってしまうのだ。

あっという間に火起こり、あっという間に心がひるがえり、あっという間に好きになり、あっというまに怨みを捨ててしまうのだ。

あの人は、私の言葉に動かされたというよりは、私の身心から発する法華経の威力に打たれて回心（えしん）したのだ。

あっという間に病床を離れ、病の気から離れ、哄笑し、私に会おうという気をおこし、あっという間に怨念を捨て、恐らくは、あっという間に死んでしまわれ、あっという間に仏のいのちに帰ってしまわれたのだろう。

欻然として回することを得ん。欻然得回（くつねんとくえ）、なんとも不思議で、なんとも恐ろしいような世界が法華経にはあるのだ。無量義経のいう通りなのだ。

第3章
光は東方を照らす

霊鷲山、釈尊の周りに集まる聴聞の人々

一　人生が何を私に期待しているか

法華経の舞台、霊鷲山

序品の舞台は、王舎城の東にそびえ立っている霊鷲山（グリドゥラクータ・禿鷹の棲む山）である。

大弟子たちが黙然と坐っている。菩薩たちも、無数の天子たちもいる。王舎城の主である阿闍世王（アジャータサットゥ）も群臣をひきいて静かに坐っている。

釈尊はさっきから瞑想に入ったまま身動きもされない。突然、天から天花が降り、大地は六種に震動した。

その時、仏の眉間にある白い巻毛（これを白毫という）から一条の光が奔り出て、東方を照らした。見よ、その光の中に、東方一万八千の世界がことごとく照らし出されているではないか。その光に照らし出された世界では、諸仏が説法し、それを聴く者たちの姿、その諸仏が涅槃に入られる（表面的な意味では、死なれること）有様、仏の遺骨の上に七宝の塔が建てられる有様などが、みんな、鮮かに見られた。それは何を象徴しているのか。

王舎城の跡を私は歩いたことがある。ラジギールという鉄道の駅があり、その西に、パトナからガヤーに通ずる大道が北から南に走っている。この街道を南に下ってゆくと、東西から不気味な岩山が迫ってくる。東西の岩山のぶっつかったところが昔の王舎城の北門である。城門の中は大ジャングルで、もう昔の王舎城は跡方もない。道はジャングルの中を走り、中央の牢獄の跡のところから東に伸びる道がある。この道は霊鷲山に通じているのだ。その道を辿ると、左手にリフトがある。日本山妙法寺のパゴダ（仏塔）に行くリフトである。そこを過ぎると、石畳の広い道が左手の山の上に登ってゆく。この石畳の道は、紀元前四百年の後半に、マガダ王国の王、王舎城の主であったビンビサーラ王（頻婆娑羅王）が、霊鷲山に住んでおられた釈尊のもとに通うために造らせた古い古い「ビンビサーラの道」である。二千三百年以上の歳月に堪えた古い道が、今もわれわれを霊鷲山へと導いて行くのである。

この道はかなりな急坂である。登るに随って、かつての大いなる都王舎城の全貌がひらけてくる。かつては壮麗な大都市がひろがっていたであろうに、今われわれが見るのは見渡すかぎりの緑のジャングルである。

山頂は東西に長く、南北は狭い。崖の西に冋字形の煉瓦の基壇が東に向かって開いている。そこに、かつて煉瓦造りの精舎があり、釈尊がいつもそこに居られた。そこからは、王舎城と、そこをとり巻く広漠たる原野がひと目に見渡せた。

禿鷹の棲む山という名が暗示しているように、かつては風葬の地だったのだろう。死骸を置き、禿鷹に食わせた不浄の地だったのだろう。そこを釈尊は常住の聖地にされた。

そこは今、明るく、広々としており、大きな空と、限りない原野を見はるかす、すばらしい地である。

法華経の創作者は、そういうところを、法華経の舞台として選んだのである。

東方万八千の世界を照らしたもう

さて釈尊は、そこから東の方に向かって、額から一条の光を放たれた。

仏教の約束では、「東方」は「過去」を指している。西方は「未来」を指している。従って、死後に往く未来の極楽浄土は西にあるということになる。

東方は過去である。過去の世界が全部照らし出されたわけである。

その時に仏、眉間白毫相の光を放って、東方万八千の世界を照らしたもうに周遍せざることなし。下、阿鼻(あび)地獄に至り、上、阿迦尼吒(あかにた)天に至る。(平楽寺版六〇頁)

「阿鼻」は「アヴィーチ」の音訳で、地獄の一番下、「阿迦尼吒天」は「アカニシュタ」の音訳で、「有頂天」ともいい「色究竟天(しきくきょうてん)」ともいう。有頂天になって喜ぶ、というのはこのことである。

この世界を三界といって、下から「欲界」「色界」「無色界」と三つに分れる。その「色界」の一番上が有頂天である。欲界はふつうの世界。これに重なって色界がある。食欲と性欲から解放されるとこの色界が見えてくる。なんでも美しく見えるところだという。その中でも最高なのだから、この上ないぐらい美しいものばかり（に見えるわけ）で、有頂天になるというのも無理はない。その上はもう「無色界」で、心識のみの世界という。

この衝撃的な放光の光景を見て驚かない者はなかった。皆が皆、どうしてこんな神変相を示されたのだろうかと不審に思った。

その場にいた弥勒菩薩は、このことに答えられるのは文殊菩薩だけだという（平楽寺版六三―七〇頁）。

すると文殊が、昔、日月燈明如来（にちがつとうみょうにょらい）という仏がいて、今と同じようなことをされ、そのあとで法華経を説かれた。だから

> これをもって知りぬ、今の仏も、法華経を説かんと欲（ほっ）するならん。今の相、本（もと）の瑞の如し。
> （平楽寺版八五頁）

と言う。

文面の上からいうと、それだけのことである。法華経を説く時の手続きにすぎないということになる。しかし、それは結果的にそうなったというだけのことであって、どうして光を放たなくてはならないか？　という問いへの答えにはなっていない。

すべては絶対肯定から始まる

この放光の時、天花が降り、「栴檀の香風、衆の心を悦可す」（平楽寺版六三頁）という。また、すべての人々は「咸く皆歓喜し、身意快然として、未曾有なることを得た」という。また、実に多くの菩薩たちが、「布施を行じ」、「菩薩の、しかも比丘となって独り閑静に処し、楽って経典を誦し」、「深山に入って仏道を思惟し」、「禅に安じて合掌し、千万の偈をもって諸法の王を讃め」、「無量の喩えをもって衆のために法を講じ」、「魔の兵衆を破して法鼓を撃ち」、「寂然宴黙にして天龍恭敬すれどももって喜びとせず」、「林に処して光を放ち地獄の苦を救い、仏道に入らしめ」、「いまだかつて睡眠せず林中に経行し仏道を勤求し」「増上慢の人の悪罵捶打するを皆悉く能く忍び」「諸法の性は二相あること無くなお虚空の如しと観じ」「仏の滅度ののち舎利を供養し」等々、菩薩の積極的、肯定的な活動ばかりが六五頁にわたって説明される。

過去世においてそうであったように、今此の三界においてもその通りになるということであろうか。

とにかくこの現実の世界を肯定し、肯定し、絶対肯定する生き方は、この冒頭の序品第一からもう始まっているということになる。

さて、日月燈明如来がこの放光の奇瑞を現わされると、集いの中に二十億の菩薩があって、「此の光の所為因縁を」知ろうとした。この時日月燈明如来は、妙光という菩薩に対して法華経を説かれたという。説かれる前に妙光菩薩を讃(ほ)めて、

「汝はこれ世間の眼(まなこ)、一切に帰信せられて、よく法蔵を奉持(ぶじ)す。わが所説の法の如き、唯汝のみ能(よ)く証知せり」

と言われる。

人生が何を彼らに期待するか

これを読んだ時私は、奇妙なことに、仏教とは何の関係もないある一人のすぐれた人物のことを思い出した。それは、アウシュヴィッツのユダヤ人収容所で言語に絶する辛酸をなめながら、周囲にいる者たちを励ましつづけ、生き伸び、凄惨な収容所の生活を克明に記録し『夜と霧』『死と愛』などの著書を著わしたフランクルのことである。

フランクルは、人間はいかに絶望的な状態に追いつめられても未来への希望を失ってはならないことをくり返し訴えつづけている。

したがって強制収容所において心理療法あるいは精神衛生を試みるとすれば、それは未来における目的点にしっかりとした精神的拠り所を与え、生きなければならないということを未来の観点から意識させる時にのみ、可能であるのは明らかである。実際に一人一人の囚人に未来に目を向けさせることによって精神的に支持することはそう難しいことではなかった。絶望の余り自殺を決心した二人の囚人と語ったところ、次のような共通点が明らかになった。すなわち二人とも「もはや人生から何ものも期待できない」という感情に支配されていたのであった。この場合でも既述のコペルニクス的転回を、すなわち彼らが人生から何を期待するかということよりも、人生が何を彼らに期待するかということを彼らに説いて聞かせることが重要であった。事実……二人の囚人が人生から期待すべきことの彼岸に……人生はそれぞれ彼らを全く具体的使命をもって待っていたことが明らかになった。一人は地理学の叢書を著わしていたが、しかしその叢書が未だ完成していなかった。そして他の一人は深い愛情で彼に依存している一人の外国にいる娘があった。したがって一つの業績が一人を待ち、一人の人が他の一人を待っていたのである。故に両者とも同様に代え難い独自性をもっていることが判り、それは苦悩にもかかわらず生命に無条件の意義を与えることができたのである。

（霜山徳爾氏訳『夜と霧』・みすず書房版一一七―一一八頁）

人は、世間の眼になったり、一切に帰信せられるということはなかなかないとしても、一人の人に待たれ、帰信されることぐらいならできる。一つの仕事に待たれるかけがえのない人間になることぐらいならできる。大切なのは、世間に何を期待するか、ではなくて、世間は何を自分に期待しているかを自覚すること、である。世間は何をしてくれるか、ではなくて、世間のために何の役に立てるか、である。

それをここで痛切に考えさせられたのである。菩薩たちのありようを説明する時先ず第一にあげられているのが「布施」であった。何を世間に与えられるかであった。そのことを序品のこの部分はわれわれに指し示していると思われる。

「痛切に求められている人」

なお、フランクル自身は、ここに収容されて見聞したことを、心理学者の眼で克明に見きわめ、それを世界中に報告する義務あるいは期待を世間から期待されていることを痛感していた。また、愛する妻ティリーが同じ収容所に収容されており、どんなにか彼に会いたがっていることだろうといつも考えていた。彼はある時、病囚収容所への患者輸送が編成された時、医者としてリストにのせられていた。それはもしかしたら、ガス室行きかも知れなかった。収容所の医師は彼に同情しており、「取り消しすることもできる」と伝えたが彼は拒んだ。彼と同室にいたオットーに彼は口伝えの遺言をしたのであった。

すなわち私は口伝えの遺言をしたのである——〈よく聞いてくれ、オットー、もし私が家に、妻の所に戻ってこなかったら、そしてもし君が彼女に再会できたら……そしたら彼女に言ってくれ……いいかね、第一に……われわれは毎日毎時彼女について話したということ……思い出すかい？　第二に、私は彼女ほど愛した人は決してなかったということ、第三に、彼女と結婚した短い期間、この幸福、われわれがここで体験しなければならなかったすべてのものを償（つぐな）って余りあったということ……〉

オットー、君は今どこにいるのだろう？　まだ生きているだろうか？　あの最後の一緒の時間以来、君はどうなってしまったのだろうか？　君は君の妻に再会しただろうか？　君はまだ想い出せるかい？　……どんなに私が当時、子供のように泣きじゃくる君を無理に強いて一言一言私の口伝えの遺書を暗記させたかを……。（前出『夜と霧』一五一頁）

この時、フランクルの妻ティリーはすでにアウシュヴィッツ強制収容所で死んでしまっていた。フランクルにはそれを知るすべはなかった。知らない方が彼にとっては幸せであった。しかし、知っていたとしても、もう一つの、全世界が彼の記録を期待しているという確信が彼を支えつづけたことだろう。

フランクルのことを思うたびに私は考えずにはいられない。「菩薩」というのは、確かに「さとりを求める人」のことであるが、それよりももっと大切なことは、「世の中の大ぜいの人たちから痛切に求められている人」のことではないかということである。無明の闇に閉されている衆生が、光明を与えてくれる人として渇望している人こそ、菩薩なのではあるまいか。そして、そういう菩薩は、この世の中の至るところにいると、法華経はわれわれを励ましているように思われる。

二　山も川も人も花も、すべて光明

放光に触発された道元

ところで、光の中に照らし出された世界が、法華経の眼指す現実肯定の人生観・世界観を指し示していることに逸早く注目したのは、鎌倉時代に出た禅僧道元だった。

道元は、さとりについての彼の詩的な、そしてきわめて哲学的なコメントである『正法眼蔵』を書いているが、そのほとんどは法華経のすばらしいイメージに触発されて書かれたものだと私は考えている。
たとえば道元は、この「序品」の放光に触発されて「光明巻」を書いた。
その原文はそんなに読み易いものではない。かといって、無意味な漢字の羅列ではなく、独得のリズムを持ったすばらしく格調の高い文章である。それは文章というよりは散文の詩である。詩であるというよりは「啓示」である。高らかに唱えていると、電撃のように真実が啓示されるのである。

いはゆる仏祖の光明は、尽十方界なり、尽仏尽祖なり、唯仏与仏なり、仏光なり、光仏なり。仏祖は仏祖を光明とせり。この光明を修証して、作仏し、坐仏し、証仏す。このゆゑに、此光照東方万八千仏土の道著あり。

これ話頭光なり。此光は仏光なり、照東方は東方照なり。東方は彼此の俗論にあらず、法界の中心なり、拳頭の中央なり。東方を罣礙すといへども、光明の八両なり。此土に東方あり、佗（他）土に東方あり、東方に東方ある宗旨を参学すべし。万八千といふは、万は半拳頭なり、半即心なり。かならずしも十千にあらず、万万百万等にあらず。仏土といふは眼睛裏なり。照東方のことばを見聞して、一条白練去を、東方へひきわたせらんごとくに、憶念参学するは、学道にあらず。尽十方界は東方のみなり、東方を尽十方界といふ、このゆゑに尽十

方界あるなり。尽十方界と開演する話頭、すなはち万八千仏土の聞声するなり。（岩波文庫本・中・一一四頁）

どこに行っても光明がある

これを適当に言葉を補いながら現代語訳してみると、こういうことになる。

法華経の序品に仏の額から光明が出て東方万八千の仏土を照らし出したと書いてある。さてその仏祖の光明のことだが、それは、十方の世界すべてが光明だということである。すべての仏、すべての祖師が光明だということである。法華経には「唯仏与仏」といっているが、仏と仏とがすべて光明なのである。仏が光であり、光が仏なのである。仏祖は仏祖を光明とした。この光明が何であるかを修行して証り、仏と作り、仏として坐し、仏であることを証するのである。このゆえに、「此の光は東方万八千の仏土を照らす」と法華経にいわれるのだ。

この言葉がすでに光なのだ。「此の光は」と法華経にいうが、それは仏の光なのだ。「東方を照らす」というが、それは「東方が照らす」と言ってもいい。「東方」というのは、あっちだ、こっちだという方角のことではない。「東方」というのはこの世界全体の中心なのだ。世界全体というと大げさに聞こえるかも知れぬが、なあに、握り拳の中心といったっていいのだ。言葉の上では東方と限定しているけれども、それは光明の何分の一かにすぎない。だから、此の世界にも東方があり、他の世界にも東方があり、東方にまた東方があるのだということを知らなくてはならない。

また法華経には「万八千」といっているが、万といったって握り拳の半分くらい、心の半分くらいだ。必ずしも、十の千倍ではない。「万万」とか「百万」とかいうような数のことではない。それに「仏土」というと途方もない広い世界のことを思うであろうが、人の眼の奥に刻みこまれた世界のことでもある（イメージ記憶をいうか?）。

だから、「此の光、東方万八千の仏土を照らす」という法華経の言葉を見たり聞いたりして、一筋の白い絹を東の方へずーっと引きわたしたような姿を想像したり考えたりしたのでは、仏法を学んだとはいえない。十方の世界ことごとくが、ただ東方なのである。東方で十方の世界すべてを代表させているのだ。かくしてそこに十方の世界すべてがある。「十方の世界すべてが」と語った言葉が、「万八千の仏土」と木魂（こだま）を返すように聞こえてくるのだ。

道元は、東方だとか、此の土だとか、法界とかいう言葉にまるでこだわっていない。中央とか、端の方とか、広いとか、狭いとか、大きいとか、小さいとかいうことに欺（だま）されない。道元がしかと見すえているのは、どこに行っても光明があるということ。十方の世界すべてが光明であると見ているのである。さとるということも、光明が何であるかをさとるわけで、さとった時は自分も光明そのものなのである。

光明の彩りの中で

道元はこの「光明」の巻の他の部分で、こんな意味のことを言っている。

人が生まれて来たり、死んでいなくなったりする（生死去来）のは、光明が去来するのである。凡を超え、聖を超えるというのも光明のいろどりにすぎない。仏となり祖師となるというのも光明のいろどりである。修行したり、さとったりするのも光明のいたすところである。草木といい、牆壁（垣根や壁）というのも、人の皮肉骨髄もすべて光明の赤であり白である。

雲門という唐代の傑僧が僧たちに問うた。「人はそれぞれに皆光明を持っている。だが、見ようとしても見えない。なんにも分らない。いったい、人々にそれぞれ光明があるというのはどういうことなんだ?」誰も返事する者がいない。返事なんかできないのだ。そこで雲門が代りに答えた。「僧堂や、仏殿や、庫裡や、三門がそれじゃないか」

ぼんくらな私どもには、雲門のいうように僧堂や仏殿や庫裡が光明には見えないが、ほんとうはそうなのだろう。光っている人や、光っている山や川、光っているお寺、光っている家、光っているレストランを感じることはできる。その感度をもっと上げてゆけば、人や、草木や、石ころや、壁が光明だというのも分るだろう。荻須高徳の描いたパリの街角の壁の画が光って見えたのはあれは光明だったのだなと、大分たってから気がついた。

多摩川のほとりに住んでいるので、川の水や、草や、葦や、鳥たちが光明だというのは大分前から分っている。匂うように美しい若い娘たちや、二人の息子や、妻が光明だなというのも分って来ている。

私が、自分のことも、時間のことも、聴衆のことも忘れて無我の境地で仏法について語った時には必ず何人かの人が、私のうしろにオーラ（霊的な光）が光って見えたと言ったりするのは、別にその人が神がかりというわけではあるまい。その人たちはふだんはクールなぐらい冷静なタイプなのだ。たしかに人の命も光明なのだ。イメージ脳（右脳）で見たらそうなのだ。しかし大方の人は、ロゴス脳（左脳）で分別し、比較し、計量しながら見るので、形あるそれぞれのものとしか見ないのだ。すべてのものが光明だという衝撃的なものの見方を道元はわれわれに提示している。それに驚くのもいいが、「随順して逆らわじ」に徹底したら、おどろくべき尽十方界が出現するかも知れないのだ。私はそのすばらしさの方に自分を賭けたい。そうでないと法華経は、光明の彩りであるそのすばらしい姿を私に見せてはくれないだろうからである。

三　山の中に隠れてしまった男

只、虚空だけ

「光が東方を照らす」ということをめぐって忘れられない話が二つある。一つは中国の話で、もう一つは日本の話である。

中国の唐の時代に亮座主(りょうざす)という風変りな男がいた。唐という時代は中国の黄金時代で、どうしてこんなに凄い男ばかり出たのかと嘆息したくなるぐらい、風変りですばらしい男たちが次次に歴史の表面に登場して来ている。亮もその一人だが、この人は逆に歴史の底に自分を埋没してしまった。それでいてこの人は数百年間も慕われ、日本にまでその名を知られたのである。

亮はもともと仏教の学者だった。日本では「座主」といえば「天台座主」を思い出すくらい最高の僧位なのだが、中国では、経論の講義をする学者のことである。亮はその方面ではかなり有名な人だった。

その亮が禅僧としてもけた外れだった馬祖道一(ばそどういつ)を訪ねて問答した。

馬「どういう経を講義されるのかな?」

亮「般若心経です」

馬「何をもって講義するのかな？」

亮は「馬鹿なことを訊く奴だな」と思ったろう。心でやるにきまっているではないか。

亮「心をもって講じます」

果然、馬祖は自刃を閃めかすようなことを言った。

馬「心は役者のごとく、意は道化者のごとしというではないか。そんなもので経の講義ができるのか？」

亮は腹を立てた。そして、馬鹿馬鹿しくなった。

亮「心で講義できないというのなら、虚空が講義するとでもいうのですか？」

馬「そうとも、虚空こそ講義できるのだよ」

亮は呆れ返った。この男は気が狂っているなと思った。こんな男に何を言ったって始まらない。そこで、袖をひるがえして出て行こうとしたのだ。その後ろ姿に向って馬祖が大声で呼んだ。

「学者どの！（座主！）」

亮はもう何を言われても返事などすまいと思っていたのだが、「座主！」といわれては振り返らないわけにはいかない。自分でもかなりいい線をいってる学者だと思っていたからである。「先生！」と誰かが呼んだら、そこらへんにいた男が五、六人一斉に振り向くのと同じだ。亮は思わず振り返った。馬祖はすかさず言った。

「生まれてから死ぬまで、只虚空だけよ」

亮は真向唐竹割りを喰らったような気がした。「心経に色即是空、空即是色とある、その空とは」なんてやっていた男が、空も空も、まるで屁にもならぬ学者という名前に引っかかって振り向いたのだ。色即是空もいいところではないか。

馬鹿ではない。馬祖の言葉が身にしみた。ほんとうにそうだと思った。亮は帰るなり、大ぜいの弟子たちに暇を出し、自分は洪州の隠山という山の中に隠れて行方知れずになってしまった。二、三年経って古巣に立ち戻るなどというう す汚いことはやらない。虚空と一つになってしまったのだ。

亮座主の風を慕う

それから四百年経った。ふつうならもうこんな隠遁した亮のことなど一人も憶えている者はいないだろう。ところが、こんな隠遁者が好きで好きでしようがないという男がいたのだから世の中は広い。いや、さすがは中国というべきか。この男、熊秀才は、亮座主のいさぎよい進退に惚れ込んでどうしても亮座主に会いたくなった。四百年も昔の人間が生きているわけはないのだが、そんなことはまるで気にしない。二、三年前に姿を消した人間でも探すように隠山のあたりを探し歩いた。

ある雨の降りしきる日、熊秀才が何気なくひょいと上を見上げると、驚いたことに、大磐石の上に木の葉の衣をまとった白髪の老人が立って彼を見下していた。彼は思わず叫んだ。

「あなたは亮座主ではありませんか?」

老人はその時、無言のまま右手をすっと伸ばして東を指さした。熊秀才はつい吊り込まれて老人の指さす方を眺め、はっと気がついて視線を戻すと、もう老人の姿はなかった。

当然のことながら熊秀才は雨に濡れた岩の山道を駈け登って大磐石の上に出た。そこに老人の姿はなかった。しかし、よく見ると、老人の立っていた大磐石の上に一ヵ所、そこに老人がいたことを物語るかのように、人が立っていた形に濡れないで残っているところがあった。老人は、いや、亮座主は、確かにそこにいたのだった。

南北朝時代の我が国に出た名僧夢窓国師（むそうこくし）は、どういうわけかこの亮座主が好きであった。四百年後に亮を探しに行った熊秀才も好きであった。夢窓国師の『年譜』にいう。

「われ、もとより、亮座主の風を慕う。いま、西山（西芳寺）を得て、これに居る。また善からずや」

西芳寺は今もなお京都西山にある苔寺のことである。もと西方寺といい、浄土式の回遊式庭園を持つ名刹（めいさつ）であったが室町期には荒廃していた。足利尊氏はこれを惜しみ、築庭について造詣の深い夢窓国師にその再建を依頼したのである。夢窓国師は、西山ときくなりすぐに西山の亮座主のことを思い出し、二つ返事で引き受けたというから面白い。こんなところがあるから私は夢窓国師が好きなのである。また頼んだ足利尊氏も好きなのである。

国師はこの寺の由緒ある回遊式庭園を修復し、その奥の小高い山の斜面を利用して、夢窓国師のイメージにある洪州隠山の岩山を摸した「洪隠山岩組（こういんざん）」を再現した。麓（ふもと）の向上関から山の上に向かって曲折する石畳の山道を築いた。向上関は熊秀才の見上げたところ。石畳の山道は熊秀才の駈け登った山道を表現している。山道の突き当りには「指東庵（しとうあん）」という庵室を建てた。ここは老僧が東を指さした場所を記念している。これらの石組に用いた岩は、ここで発見された古墳の石を用いたといわれている。

この西芳寺庭園を最も愛したのは足利三代将軍義満であった。金閣寺を建て、北朝の後小松帝を助けて南北朝の統一を果たし、後小松帝の血を引く一代の怪僧一休を、生まれるとまもなく出家せしめた遣手（やりて）の武人将軍である。義満は西芳寺に至ると、家臣は浄土庭園に留め、自分一人、向上関から石畳の道を登って指東庵に至り坐禅するのを例としたという。義満の心事は何であったろうか。

この「指東」もやはり過去を指している。過去幾生もの間に積み来った業因縁の報いとして現在のこの生はある。その業因縁を正しく見通すことなくしてさとりはあり得ないと、夢窓国師も思い、義満もまた思ったのではあるまいか。

読者諸子の業因縁の風光やいかに。

四　額の光っている男はいないか

叡智が光っている

法華経に出てくる仏さまは額から光を放って東方万八千の仏国土を照らし出した。私らは逆立ちしたってそんな芸当はできない。しかし、大ぜいの人間の中に時々、額のみごとに光っている男や女がいる。額の白毫から光を放つというところまではいかないが、額がぴかりと光っているのだ。叡智が光っているといってもいい。いわゆる頭がいいというのとは明らかに違っている。頭がいいといわれる人間の中に額が光っているような人間を見たことがない。これはロゴス脳には全く関係がないようだ。

額が光っているというと私はいつも、小豆島の札所(ふだしょ)松林寺にいる眉目清秀(びもくせいしゅう)の青年僧長谷川君のことを思い出す。

この青年は、高野山大学の学生の時、私の書いた本を何冊も読み、私に手紙をくれた。その時彼は、瀬戸内海の瀬戸田の真言宗の寺の息子だった。

瀬戸田には耕三寺という風変りな寺がある。ここの和尚は大阪の鉄工所のおやじだったが、もうけた金を全部注ぎこんで、瀬戸田に耕三寺という寺を建て、自分が住職になった。その建物が皆、法隆寺金堂の真似だとか、日光東照宮の真似だとかで全国著名寺院の建造物のそっくりショウ、西日光という名で売り出し、西日本ではちょっとした見ものになっている。長谷川君はその島の真言寺の息子だった。耕三寺の和尚は俳句もやり、さいかち派の松野自得先生に私淑していた。私がずっと一緒に暮らしていた年寄の西島弥三郎は自得先生の弟子である。ある日、さいかちの句会が耕三寺で開かれることになり、うちの年寄もそれに参加すべく西下することになった。

その少し前に、長谷川君はどうしても私に会いたくなり、鎌倉極楽寺の成就院で講演している私のところへ突然押しかけて来たのであった。

控え室で私が数人の青年たちと話していたら、突然襖（ふすま）があいて、びっくりするほど秀麗な顔立ちの、色白の青年が入って来て、畳にぴたっと額をすりつける如法の挨拶をした。頭を短く刈り上げてあるからではなく、その顔立ちからすぐに真言宗の若い僧だと私には分った。そして、どういうわけだかすぐに、瀬戸田の寺の息子さんだなと閃めくように察知したのである。その場にいた青年たちは、すぐには声も出ないほどびっくりしていた。なにしろ、額が聡明そう、などというものではない。額が光っていたのだ。そんな顔をした青年はめったにいるものではない。

彼の額は今光っているか

それから二、三日して私は国電に乗った。空いた吊革に手をかけてひょいと横を見ると長谷川君だった。こんなこともそうそうあることではない。

その時、うちの年寄が瀬戸田の耕三寺へ行くんだよと長谷川君に告げた。何の気もなくそう言っただけなのだが、長谷川君はそれからすぐに瀬戸田へ帰ったらしい。当日、さいかちの一行の乗った連絡船が瀬戸田の港に着くと、長谷川君は埠頭に待ち構えていてすぐに荷物を持ってくれ、島にいる間じゅう気を配り、帰りにはお土産まで持たせてくれる徹底した介添え振りで、うちの年寄はみんなから「まるで管長さんのようでしたなあ」と大いに羨まれたのであった。

それからまもなく私は、福知山の市民会館で水上勉氏と二人で講演したが、千五百人の大聴衆の真中にぴかりと光った顔を見つけてびっくりした。それは紛れもなく、瀬戸田にいるか、高野山にいるはずの長谷川君であった。私の講演が終り、休憩時間に客席に探しにいったがもう影も形も見えなかった。あれは長谷川君の幻だったのであろうか。

それから数年後、彼は小豆島の松林寺に養子にもらわれていったと風の便りに聞いた。私があるグラフに毎月、日本人の心の故里のような土地を写真入りで紹介した時（それはのちに『こころの故里』という写真入りの本になって、佼成出版社から出版されたが）、小豆島南郷庵で死んだ放浪の俳人尾崎放哉をとりあげるため小豆島へカメラマンと赴いた時、ふと思い立って松林寺を訪ねてみた。外出中とのことで、しばらく待っていると、暗い土間にふとほの白い人影が立ち、こちらをしばらく見守る風であったが、突如「先生！」と絶叫して駈け寄って来たのは紛れもなく長谷川君であった。

秀麗だった顔にいささかの翳りが見えて胸が痛んだが、それでも額の光には変りがなかった。取材を終えて帰る私たちの船が港を離れる時、埠頭に立った僧衣姿の彼はけんめいに手を振った。船はまっすぐに大洋に出てゆくので、いつまでたっても港が見える。彼の姿が小豆粒のように小さくなっても彼は、いつまでもいつまでも立ちつくして手を振りつづけていた。

それから十数年、私は一度も長谷川君に会っていない。どんな風にして暮らしているのかなあといつも思いつづけている。

小豆島の札所松林寺で、彼の額は今光っているのであろうか。

いぶし銀のように光る

長谷川君の額が秀麗な雪の富士山のようであったとすると、それとは対照的に、いぶし銀のように鈍く光った顔を持った人がいる。その人は、親鸞上人が越後の国府（今の直江津）に流罪になった時上陸した居多（こた）ケ浜の「親鸞上人上陸記念堂」の堂守（どうもり）をしている江口茂治老人である。

この人のことは、ごく最近私が光文社のカッパブックスから出版した『親鸞と生きる』の冒頭第一章に委細を書き記してある。この人は日本海の紺碧の海を見下す記念堂にいて、時々訪れる人たちに熱い番茶を振舞い、時には若い娘さんの悲しみの言葉を聞いてあげ、時には土地の老人たちと語り、時にはどてかんぞうの花をめで、時には家出した青年に人の世の姿を語ったりしている。

この人は、私の本をよく読み、私に何通もの長い長い手紙を書いてくれた。なにしろその手紙は大したものであった。一通一通が光っていた。今年になって私の手もとに届いたおびただしい手紙の中でこの人の手紙はずば抜けていた。それは文字通り、「白眉」であった。それはいつも信と愛とにあふれていた。

この人は堪りかねたように、三月七日の真如会鎌倉古寺巡礼第二回の催しに遠く越後高田から参加され、私は思いがけず、北鎌倉円覚寺の山門の下で初めてこの人の顔と姿を見たのである。その顔はぴかりと光るというていの顔ではなくて、日本海の蒼い海原の上を渡る秋の風の中で眺めるのにふさわしい、いぶし銀のような顔であった。蒼い海が蒼黒くなり、雪嵐がシベリア大陸のすさまじい寒気を真向から吹きつけるようになる頃にいよいよ鈍く光りはじめるような顔であった。

みんな光っている

私は『親鸞と生きる』の「まえがき」の終りに、

「もしこの本を読んで、いくばくかでも親鸞の生き方に感動を覚えた人があったら、ぜひ直江津、居多ケ浜の海の色を見に行ってほしいと私は思う。何もないあの海岸の海の色は、私の本などよりもっと力強く親鸞について語ってくれるだろう」と書いた。ほんとうはもう一言、「江口老人から熱い番茶を振舞われて、あのいぶし銀のように光る篤信の老門徒の顔をよくよく眺めて来て下さい」と書き添えたかったのだが、遠慮しておいたのである。

しかし、読んで下さった人たちは私の気持ちをよく体して、記念堂の扉のひらく四月一日が待ち切れず、三月中にもう記念堂を訪れ、海の色を眺めはじめていた。打てばひびくような応え方であった。

四月に入り、五月に入るにつれて、訪れる人の数は加速度的にふえていった。江口老人は、私の呼びかけに応えて居多ケ浜を訪れる人たちの消息を、次々に報告して来るのだ。

江口老人の便りはまだまだ続くだろう。いや、それは新しく今始まったばかりという感動にあふれている。直江津の駅に着く列車の時刻表を調べてごらんになるといい。そこへ行くのは今でもかなり大変なことである。本を読んですぐそこへ行こうと決心する人間の心はすばらしい。光にあふれているといっていい。江口老人の手紙に登場してくる人たちは、仏の白毫の光の中に浮かび上って来たもろもろの菩薩たちのごとくである。それぞれに、明るい、また、暗い人生の業因縁を負うて白光の舞台に登場してくるヒーローや、ヒロインのごとくである。

みんな光っているのだなと私は思った。仏の白毫の光はただ東方を照らしただけではない。日本国中を照らしているのである。

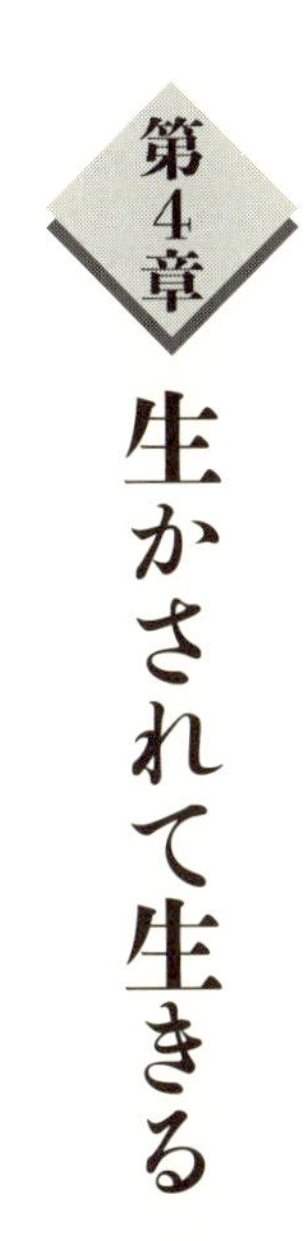

第4章 生かされて生きる

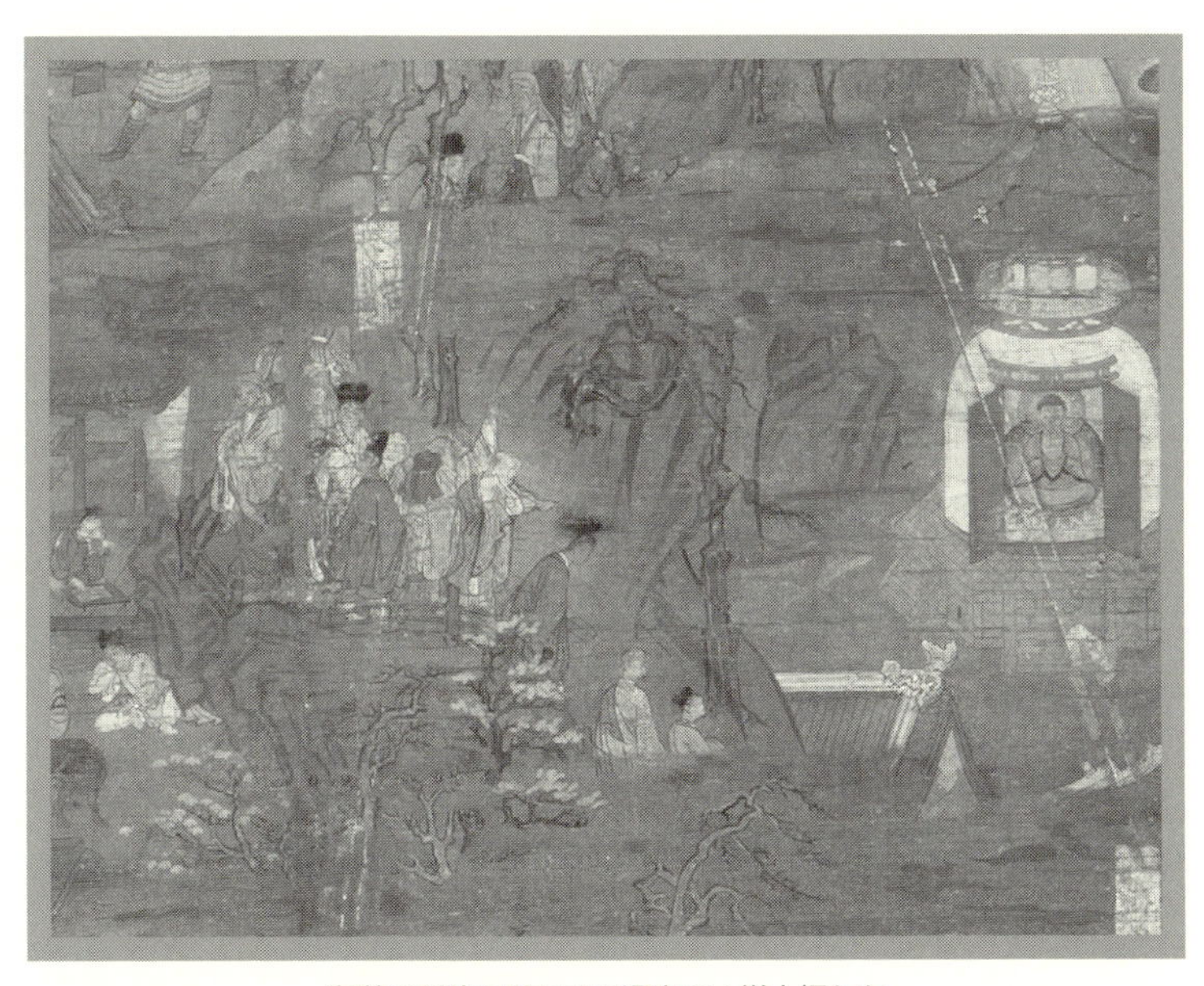

釈尊の説法を聞かずに退出する増上慢たち

一　何が難解難入なのか

「もろもろの著をはなれしめる」

法華経の初めの部分でもっとも大切だと思われて来たのは第二章の「方便品」である。その冒頭にこう言われる。

　その時に世尊は、三昧より安詳として起って、舎利弗に告げたまわく、「諸仏の智慧は甚深無量なり。その智慧の門は難解難入なり。一切の声聞・辟支仏の知ること能わざるところなり。」（平楽寺版八六頁）

「声聞」というのは文字通り、仏の声を聞いた人、仏の教えを直接に聞いた人、のことで、仏の直弟子のことである。

「辟支仏」は原語の「プラティエーカ・ブッダ」を音訳したので字にはまるで意味がない。意訳すると「独覚」という。人に教えられたのではなく、単独に、自分独りの力で、宇宙の真理をさとった人のことである。アインシュタインや湯川秀樹というような人も辟支仏だということができる。

どうしてか？　その理由を法華経はこう言っている。

所以はいかん。仏かつて百千万億無数の諸仏に親近し、ことごとく諸仏の無量の道法を行じ、勇猛精進して、名称あまねくきこえ、甚深なる未曾有の法を成就して、よろしきに随って説きたまえるところなれば、意趣、解ること難ければなり。（八六頁）

これは理由を説明しているようで、しかもはっきりしない。これでは、理由はすべて過去・前生にかかわっている。この世に生まれてくる以前に無数の諸仏に親近してたいへんな修行をしたからだといわれると、われわれとしては途方に暮れるほかはない。それでは、まったく手に負えないではないか。この世でいくら猛烈に修行したとて、追いつくはずはないのだ。

しかし、手掛りはある。その次の部分にこう言われていることに注目しよう。

舎利弗よ、われ成仏してよりこのかた、種々の因縁、種々の譬喩をもって、広く言教をのべ、無数の方便をもって、衆生を引導してもろもろの著（先入観）をはなれしめたり。

ここに「因縁」といい「譬喩」といい「方便」といわれていることに私は心を向けたい。たしかに法華経に説かれていることは精密な論理ではない。哲学でもない。ごくあたりまえな譬喩物語、因縁物語である。

論理的に書かれているものは、論理的に追求してゆけば必ず理解されるはずであって、難解難入とはいえないであろう。

それに比べると、はるかな前生にかかわっている因縁譬喩の物語は、恐らく人間の大脳の右脳、「イメージ脳」にかかわるものであって、左脳すなわち「ロゴス脳」によっては絶対に理解できないと思われる。

「もろもろの著をはなれしめる」といわれる「著」とは、恐らく「先入観」であって、これは「ロゴス脳」のはたらきである。「ロゴス脳」によってがんじがらめにされている人間の意識を解放するのである。

白隠ほどの人物でも……

法華経は、自分が知性的だと思いこんでいる人間（それこそ著そのものなのだが）にとっては全く理解しがたい経典であるに相違ない。

江戸時代に出た禅僧白隠（はくいん）は、出家して間もなく法華経を読んだが、さっぱり分らない。「唯有一乗諸法寂滅相」等の文を除いて余は皆因縁譬喩の説にすぎず、もし此の経に功徳があるのなら、諸子百家、謡書、妓典の類いもまさに功徳あるべし、と酷評して捨ててしまった。
ところが享保十一年（一七二六）四十二歳の年にはじめて法華経の真価を見出している。弟子の東嶺のまとめた草稿本年譜にこう記されている。

十一年丙午
師歳四十二。秋七月看経牓を挂く。因みに徳源の東芳和尚差して法華経を読ましむ。師毎日訓練すること許多。一夜譬喩品に到る。因みに蛬の古砌に鳴いて声々相連るを聞いて、豁然として法華経王の理に契当す。初心起す所の疑惑撲然として消融し、従前多少の悟解、了知、大いに錯り了れることを了得す。経王の王たち所以璨乎として目前に満つ。覚えず声を放って号泣す。是に於て初めて正受老人平生の受用を徹見し、及び大覚世尊舌根両茎を欠くことを了知す。此れより大自在を得、仏祖向上の機、看経の眼、徹底了当して実に余蘊無し。

白隠ほどの人物でも、自分の「悟解、了知、大いに錯り了れること」を了得するのに四十二歳までかかっている。白隠はこの時、師の正受老人のさとりがどんなものであったか、釈尊のさとりがどんなものであったか、はじめて納得がいった。体の中にどすんと落ちたといってもいい。

そのきっかけは、軒下の古い石畳で鳴いているきりぎりすの声であった。その鳴く声が白隠のイメージ記憶の底に刻まれていた何かを触発したのである。それにしても、声を放って号泣するという感動のし振りはすさまじい。これほどの感動でなくては、吾我による、さとったという強烈な先入観を引っくり返すことはできないのである。

しかし、これは、白隠の「悟解、了知」がずば抜けて深かったので、こんなに時間がかかったのだろう。

生かされているな

ふつうの人間は、悟解も大したものではなく、了知もいい加減なものだから、因縁さえあれば、すとんと行く可能性が多い。いや、悟解も了知もかなり深いところへ行っている人でも、強い因縁が動いてくれれば、すとんと行くことがある。

ごく最近、私に会いたいといって来られ、例会にも出席され、真如会の一会員にして下さいと言われた方がある。この方、佐藤正忠さんは、雑誌「経済界」を提げて日本の経済界に旋風を捲き起こした人物だが、昭和五十四年三月、突然ゴルフ場で倒れた。脳卒中で左半身の自由を失ったのであった。それから一年、いや三百六十五日、一日一日が再起のための戦いだった。そして、ついに再起したのである。そのことを佐藤さんは『奇跡の生還』という本にまとめた。私はこの

本を、短波サービスの加藤さんに贈られてすでに読んでいる。その末尾に

病いに倒れてみて、つくづく、私たちは生きているのではなく、生かされているなと思った。神仏、天地自然、社会……そして多くの人々の好意によって、生かされている。理屈ではなく、実感であった。……

私は、病気が縁となって、はっきりと、自分の宗教を持つことができた。——念仏であった。『南無阿弥陀仏……』と、静かに念仏を唱えていると、私は、無上のしあわせを覚える。心の安らぎを覚えるのであった。

と書いてあった。これを読んで私は、「ああ、この人にはお念仏の因縁があったのだな、よかった、よかった」と思った。

その佐藤さんが私にお訊ねしたいことがあると言われる。それも、人を交えず二人っきりで話したいと言われる。

私たちは四月十七日の夕方、真如会の例会がひらかれる四谷の安禅寺のご本尊の前で二人っきりで語りあった。佐藤さんのご質問は法華経についてであった。佐藤さんはすでに私の著書のほとんどを読んでおられる。お念仏の人がどうして法華経かなと思ったら、なんと佐藤さんは、温

泉で治療中に、お湯の中で、突如、南無妙法蓮華経のお題目が口をついて出てきて、唱えるたびに勇気凜々となるようになったというのである。お念仏の静かな心の安らぎから、勇気凜々のお題目への劇的な転換をしたのであった。そして「先生、法華経の真髄は、お題目と見つけたり、と受けとったんですが、それで間違いないでしょうか」と訊かれる。私は「間違いない」と答えた。

「お題目を唱えるようになってから、不思議なことばかり起きるんです。人にすすめられて般若心経の写経を始めたんです。千枚書こうと発願したんです。そうしたら、松原泰道先生にすすめられてインド仏蹟巡拝に行くことになりました。先生、なんと、千枚目を書き上げた翌日が出発の日になったんです。不思議ですねえ。ブダガヤの大塔でお祈りしておりましたら、確かにお釈迦さまの声で〈正忠、不自由な体でよう来てくれたなあ〉と仰有ったんです。あれは確かにお釈迦さまの声でした。そんなことがあるもんでしょうか」

経済評論家として一流の健筆を揮っていた人にも突然こんな不思議なことが起きるのだ。私はそれをすばらしいと思い、また、恐ろしいとも思うのだ。佐藤さんにこの大きな変化をもたらした要因は、過去の強烈な因縁であったのかも知れぬ。

二　過去のことをひとつひとつ思い出しながら

瞑想は突然やって来る

もう一度前に戻って、「三昧より安詳として起って」について考えてみたい。ここのところは、原文の梵語の方もなかなか味わいがある。

過去のことをひとつひとつ思い出しながら、新たな自覚をもって瞑想から起ち上る。

と書いてある。

ほんとうのことをいうと、瞑想できる、ということがすでにすばらしいのではないか。

哲学者の三木清は『人生論ノート』というすばらしいエッセイを書いた人である。戦争中に投獄され、出所してからも、獄中で苦しんだ悪性の皮膚病に苦しめられ、そのために死んだという悲惨な生涯だったが、この『人生論ノート』には不思議な明るさがあり、透明な知性が輝いていて、今日でもなお多くの人に愛読されている。

その一章に「瞑想」というのがあって、ふつうの人がちょっと気がつかないような、すぐれた見解をのべている。

三木清によると、瞑想は、瞑想しようとしてできるものではないという。瞑想は突然やって来て、やって来たが最後、どうすることもできないようなものだという。思索というものは瞑想のあとに出てくるものであって、瞑想のない思索など、あるはずがないという。だから、誰でも簡単に瞑想できるというようなものではないし、瞑想は瞑想だけということでもない。瞑想のあとには深い思索がつづくのである。

法華経はその瞑想の中で、過去のことをひとつひとつ思い出し、新たな自覚で起ち上るといっている。

自分は何をしてあげたか

これを読んだ時私は「あ、これは内観だな！」と思った。仏教には「内観法」というものがある。やさしくいえば、心の隅々にまで光をあててゆくことである。人によっては「身調べ」という人もある。自分のして来たことを自分で調べるのである。それには、日常の騒々しい環境の中ではできるはずがないから、一週間か、長い時は一月ぐらいも一室に籠って身調べを行なうのである。

大和郡山の内観研究所の吉本伊信さんはその道の権威であるが、吉本さんの内観法によって救われた人は沢山いる。

そこでは、部屋の隅を屏風で囲ってそこに内観者を坐らせる。外部との交渉は一切絶たれている。睡眠・食事・用便の他は、読書も、手紙を読むことも書くことも、面会もできない。朝五時から夜九時まで静かに坐って考える。いや、思い出すのである。何を思い出すかというと、自分が幼い時から世話になった、母、父、兄弟姉妹、祖父母、友人、師、同僚について、何をして貰い、それに対して自分が何をしたかを思い出すのである。

吉本さんは一時間か二時間ごとに内観者の前に坐り、静かに一礼して、小さい声で「今、何を調べていますか?」と尋ねる。大抵の人が、母は私にこんなことをしてくれた、あんなことをしてくれた、という返事をする。すると吉本氏は「それはあなたが見た母の姿です。それは外観(げかん)であって内観ではありません。そうではなくて、あなたがその時、母親に何を言い、何をしてあげたかを調べるのです。検事が被告を取り調べるように自分を調べて下さい」と言うのである。

こうして内観者は吉本氏に問われるたびに内観が深くなってゆく。そして、親が自分にしてくれたことがいかに大変なことであったか、自分がその恩に対して何ほどのこともしていなかったことに気づき、親の生きている間にその何分の一も返すことができないのに、親に対して不平ばかり言っていた自分が恥かしくなり、情けなくなり、さらに、そんな自分をなおも愛しつづけてくれる親の限りない恩にしびれるような感動を覚えて号泣したりするようになるのである。

無意識の奥底

こうして内観者は大きな転回をとげることになる。これは無意識の奥底に忘れられていた「真実の自己」が意識の表面に顔を出したことである。

これは一種の目覚めである。覚醒である。これがそのまま「さとり」であるとはいわないが、さとりのはじめの段階にごく近い状態であるといっていい。

無意識の奥底に真実の自己がひそんでいるという考え方は、仏教ではあたりまえの考え方であった。

仏教では、眼(げん)・耳(に)・鼻(び)・舌(ぜつ)・身(しん)・意(い)の六つの感覚器官を「六根」といい、これの対境として色(しき)・声(しょう)・香(こう)・味(み)・触(そく)・法(ほう)の「六境」を考え、これらの認識する働きを「六識」と呼んだ。ここまでは顕在識である。

この顕在識の下に、潜在識・無意識として「末那(まな)識」「阿頼耶(あらや)識」「阿摩羅(あまら)識」の三つの層を考えている。

末那識は、意識のすぐ下にあるが、それと意識されることはない。ここが迷いの根源だといわれている。

西洋では、フロイトによって精神の深層に無意識の世界が横たわっていることが注目された。その無意識の特性は無道徳的であり、原始的であり、自己中心的であり、快楽原理に支配されて快を求め、不快をさけようとする傾向があり、子供らしい性質と性的な性質のものがすべてであると考えられている。フロイトは、夢などを手掛りにこの深層の性的衝動を追求し、分析することによってその人間の行動を解明し、病気の治療に役立てようとした。

しかし、フロイト一派の深層心理の探求はそこまでであった。仏教の「末那識」で止ってしまったのである。

真実の自己

こういうフロイト一派の行き方に対して、そういう自己中心的な、無道徳な、性的な無意識のもうひとつ下、もっと深いところに、もうひとつの無意識、「超越的無意識」とでもいうべきものを考えた人がいる。それが第三章のはじめにも紹介したフロイトの弟子フランクルである。

この人はユダヤ人だったので、第二次世界大戦のさなか、ドイツの官憲に逮捕され、ポーランドの湿地帯の中に建設されたアウシュヴィッツ強制収容所に収容された。この収容所で殺されたユダヤ人は三百万人を越えるといわれる。ヒトラーの狂気がこの悲劇を招いたのであった。

フランクルは精神分析学者の透徹した眼でこの収容所の中の異常な精神状態を観察し、小さな紙片に速記の暗号で記録し、靴の裏に数十枚の記録を隠してついに連合軍によって救出されるまで生き延びたのであった。彼は自分の記憶とこの秘密の記録によって名著『夜と霧』『死と愛』を書いた。

彼はこの地獄そのものの収容所の中で、時として人間が実に崇高な行動をするのを目撃した。その行動は、フロイトのいう、無意識下の性的衝動に基づくものとはどうしても考えられなかった。それは、もっと高貴ななにかから来るように思われた。彼はそこで、従来考えられていた無意識のもう一つ下に、超越的無意識とでもいうべき世界があることに気づいたのであった。そこは仏教でいう「阿頼耶識」にあたるものである。

その超越的無意識の中に神の意志のようなものが植えつけられており、そこにこそ「真実の自己」があると考えたのである。

この真実の自己は、その人間に、人間らしく高貴にふるまうよう、大ぜいの人間の幸せを優先するように生きるべきことを迫るのであるが、人間は、自己中心的な、快楽追求的な無意識の方がはるかに強大であるために、自己の精神の深層にそんな高貴なものがあることを忘れてしまう。

いくら忘れてしまっても、確かにそういう高貴な深層意識があるのだから、人は快楽を追求し、自己中心的な生き方をしているさなかにふと、名状しがたい空虚感に襲われることがある。これを「実存的空虚」というのであるが、この空虚感が深くなると人はノイローゼの状態に陥る。

自分が分らなくなったり、生きてゆく空しさを覚えたりするのは、ほとんどこの実存的空虚に基づいている。

こういう人間が、宗教的生活の中に入っていってその空虚感から脱却してゆくのは、忘れていた真実の自己を思い出し、取り戻すからである。

われわれはこの真実の自己から常に何かを期待されている。自己中心的な生き方でなく、大ぜいの人間の幸せを実現するために、自己中心の考え方を反省し、改めるように期待されているわけである。吉本伊信氏の内観法もこれに基づいている。

自分に何を期待しているか

フランクルが強制収容所の中で、精神の自立を失い、崩壊してゆくユダヤ人たちを救うためにやった方法もこれに基づいている。

収容所のユダヤ人たちは、最初、世界中の人間の良識に期待した。きっと誰かがわれわれに何かをしてくれると期待した。その期待は絶対的に叶えられなかった。世界中の人間は知らなかったのだ。ドイツ人でさえ、ドイツ人がそんな非人間的な虐殺を行なっていることを知らなかったのだ。

ユダヤ人たちは次第に世間を呪い、世間がいったいわれわれに何をしてくれたというんだと怨嗟するようになった。これが精神の崩壊のはじまりである。

この形は今日の社会でも至るところで見られる。「政府はいったい国民に何をしてくれたというんだ」「親がいったいおれたちに何をしてくれたっていうんだ、何もしてくれなかったじゃないか」「先生がいったい何をしてくれたというんだ」「夫がいったい私に何をしてくれたというの」「妻がいったいこの夫である私に何をしてくれたというんだ」。どこを見てもこういうパターンばかりではないか。このパターンはすぐに精神の崩壊をひきおこしてゆく。政府や国家に対する不信、親への暴行、尊属殺人、校内暴力、家庭不和と解体、離婚という風に進行してゆくのである。

フランクルは、どんどん崩壊してゆくユダヤ人の精神を立て直すために一人ずつ説得して歩いた。すでに引用した『夜と霧』の一節に書いてあったように世間に何を期待できるか、世間からは何も期待できない、という型の人間は、絶望の余り精神の崩壊を起こし、死んでいったのである。

その反対に、世間は自分に何を期待しているか、娘が私に生きることを期待している、その期待に応(こた)えなくては娘は死んでしまう、そうだ娘のために生きのびなくてはならない、と考えた囚人はそれによって生きのびることができたのだ。

世間は自分に何を期待しているか。自分の書いた地理学叢書の未完の部分を、多くの読者が期待して待っている、そうだ、生きのびてあの未完の部分を書き終らなくてはならない、それまでは死ねないのだ。そう考えた囚人はそのことを力にして生きのびることができたのである。

精神の高貴が真実の自己の特質である。精神の高貴は、世間、つまり、大ぜいの人々の幸せを願い、大ぜいの人々の期待に応えようとする時、いよいよ高貴になり、信じられないほど強い力を人間に与えるのである。

自分は世間から何を期待されているだろうか? これは、くり返し、くり返し、自分に問いかけねばならぬ大切な問題である。人間として生きる原点である。

さて、あなたは、世間から何を期待されているであろうか?

三　ゆいぶつよぶつ的人間について

「唯、仏と仏と」

「方便品」に出てくる「唯仏与仏」ということば、これは、「ゆいぶつよぶつ」と読む。「与」は、「あたえる」と読むのがふつうだが、ここでは「と」と読む。だから、「唯、仏と仏と」と読むことになる。本文はこうである。

止みなん、舎利弗、また説くべからず。所以はいかん、仏の成就せるところは、第一の希有なる難解の法にして、唯、仏と仏とのみ、すなわち、よく、諸法の実相を究め尽くせばなり。(平楽寺本八八頁)

私が子供の時から唱えていたのは漢文棒読みだから、

止舎利弗、不須復説、所以者何、仏所成就

第一希有、難解之法、唯仏与仏、乃能究尽
諸法実相

ということになる。こう読まなくては実感が出ない。中でも、「ゆいぶつよぶつ」と「しょほうじっそう」は聞いただけで脳裏に鋭い痛みが走るように、鮮烈なイメージが走る。「諸法実相」は、存在するものの実相であり、存在するものはすべて実相ということである。しかし、人間の眼から見ると、この世の姿が全部実相という風には見えない。それは、見ている人間そのものが「虚」だからである。一定の時間が来ると消滅してしまうようなものはすべて「虚」である。人間は虚である。だから人間の眼も虚である。だから、すべて実相であるはずのこの世の姿が、実相とは見えないのである。

しかし、仏の眼は違う。仏だけはこの世の姿を実相と見るのである。だから、唯仏と仏とのみ、いまし、よく、諸法の実相を究め尽くせばなり、というのである。

さとりは予測できないもの

この辺の消息をみごとに言いあらわしているのは、道元の『正法眼蔵』の中の「唯仏与仏」の巻である。そこではのっけからこんな風に出てくる。

仏法は人のしるべきにあらず。このゆゑに、むかしより凡夫として仏法をさとるなし、二乗として仏法をきはむるなし。ひとり仏にさとらるるゆゑに、唯仏与仏、乃能究尽といふ。それをきはめさとるとき、われながらも、かねてより、さとりとはかくこそあらめと、おもはるることはなきなり。たとひおぼゆれども、そのおぼゆるにたがはぬさとりにてなきなり。さとりもおぼえしがごとくにてもなし。

なんとも凄いような文章ではないか。仏法は人間の知り得るようなものでないという。昔から、凡夫であって仏法をさとったような者はいない。人に教えられて気がつく声聞（しょうもん）といわれる人たち、自然の道理に目があいた縁覚（えんがく）といわれる人たちの中で仏法をきわめた者は一人もいない。唯一人仏だけに仏法はさとられるのである。だから、「ただ仏と仏とのみ、すなわち、よく、究め尽くす」というのである。

それを究めさとった時に気がつくことだが、自分なりに、前もって、さとりとはこんなものだろうなと予測したりすることはできないのである。たとい予想したとしても、予想した通りのさとりではない。決して、思ったようなものではないのである。

ポアンカレーというフランスの学者が、科学上の発見は、理性的努力をしなければ得られないが、そうだからといって、理性の予測したようにはならない、たいがい、理性の予測したところにはない、と言っているのとそっくりで、私はびっくりした。道元はどうしてこんなことを知っていたのだろうか。

はるかに超えてやって来る

そういうわけだから、さとりの前に予測することは、さとりにとって何の役にも立たない。さとり以前にあれこれと考えたことは、さとりにとって用のないものである。あれこれ考えたその内容が悪いというのではない。あれこれ考えたことも、そのまますべてさとりなのだが、その折は、自分がさとりという別のものになろうとしたので、だめになったのである。頭で分別し、判断しようとしたので、さとりとは別のものになってしまったのである。

さとりというものは、さとり以前に思ったことなどを力とするのでなく、はるかに超えてやって来るものである。さとりは、唯一筋にさとりの力にのみ助けられてやって来るのである、と道元は言う。

「さとりよりさきにちからとせず、はるかにこえてきたれるゆゑに、さとりとは、ひとすぢに、さとりのちからにのみたすけらる」と言う。なんともすさまじい迫力のあることばではないか。

われわれが、今の自分の生きざまがいやになり、そんな自分とは違う理想の自分を思い描いてそれになろうとするのは、実にばかげたことである。いくら理想像を思い描いたって、それも自分の自我が生み出したものにすぎないのだから大したものじゃない。今の自分とそんなに違いはしないのだ。

さとりは、唯一筋にさとりの力にのみ助けられて、はるかに超えてやって来る。人間が修行したとか、努力したとか、考えたとかいってもたかが知れているのだ。

坐禅したの、修行したの、という人間が、そのへんの人間よりももっと欲が深く、虚栄心が強く、自己顕示欲が強く、利己心が強いのは悲しむべきことである。

そんな僧侶や坐禅者ばかり見て来て、ほとほとそういう人間がいやになって来た私は、さとりははるかに超えてやって来る、仏さまからやって来る、という道元のことばを読んで、ほんとにその通りだ！　と叫ばざるを得ないのだ。

「ゆいぶつよぶつ的人間」

しかし、「唯仏与仏」は仏さまの世界である。そこにはとうてい行けない。そこで私はこの頃、「唯仏与仏的」と、「的」の字を加えて、「ゆいぶつよぶつ的人間になりたい」などと言っている。

ゆいぶつよぶつのほんものというのはめったにお目にかかれない。しかし、私がお目にかかった朝比奈宗源老師や、柴山全慶老師は、私の眼にはほんものの「ゆいぶつよぶつ」だった。そのほんものを見ているので、それに近い、限りなく近い「ゆいぶつよぶつ的人間」を見分けることが私にはできるのだ。そんな人なら、この広い世間に沢山発見できる。

私が昔よく、テレビでご一緒したキリスト教の牧師の高木幹太さんもそんな「ゆいぶつよぶつ的人間」の一人である。この人は牧師のくせに（くせにというのは失礼かな?）独りで法華経を読んでいるという人である。

「幹太さん、独りで読んでいたんじゃ、正しく読んでるか、間違って読んでるか分らんじゃないか?」

「わし、一人で法華経読んでいて、間違うといけないからね、分った分だけ、かみさんに話すんですよ。そしたらね、よく分らないからごま化したり、飛ばしたりしたとこね、必ず、そこおかしいわね、って言うんでね、間違ってるってことが分るんです」

と彼は澄まして言った。この夫婦はきわめて「ゆいぶつよぶつ的人間」なのである。

〝幹太さんも仏さま〟

ある時幹太さんが言った。

「紀野さん、法華経に唯仏与仏ってあるでしょう、あれ、どういう意味です?」

「ああ、唯仏与仏ってのはね、仏さまと仏さまだ。私と幹太さんがこう向きあっててね、私が仏さまなら、幹太さんも仏さま、ツーといえばカーと、すぐに通ずるでしょう、そこんとこを唯仏与仏って言うんです」

「へえ、そういうもんですかねえ、仏教はいいですねえ、わし、そう思わんこともないんですが、どうもキリスト教じゃねえ、そうは言えないんですよ」

神さまと人間とは違うのだ。だから、そうあっさりとは言えないのだ。しかし、それは法華経でもおんなじだ、むかしより凡夫として仏法をさとるなし、と道元も言っている。だから私が幹太さんに言ったことは、かなり図々しいことだ。しかし、私の心情においてはまさしくそうなのだから仕方がない。

「じゃ、幹太さん、仏教になりなさいよ」

「いや、そうはいかんのですよ」

「幹太さん、あんた、どうして私の言うことがあんなによく分るんですか？　ちょっとふしぎだな」

「いやあ、これでも、わし、衣着てお経よんだことがあるんですよ。わし、金沢で学校に行っていたとき、真宗の寺に下宿しましてね。そこの和尚（おしょう）が、おまえ、寺にいるからにはキリスト教もくそもない、お経をよめ、といってね、毎朝お経よまされたんですよ。おかげで上手になりましてね。ところが、あるとき、和尚さん旅行しまして、留守のあいだ、おまえ、お経よんどけ、っていうんです。ところがお葬式できちゃったんだなあ。だめだってことわったんだけど、誰でもいいからというんで、仕方ない、和尚の衣着ましてね、お経よんじゃったんだ、あの人、成仏(じょうぶつ)したかなあ」

これを録画待ちのスタジオでやったものだから堪(たま)らない。フロアのディレクターからカメラマン、はるか上のディレクター席の人間まで総員笑いころげて、しばらくは何も出来なかったのを、昨日の日のことのように覚えている。こんなのを、「ゆいぶつよぶつ的人間」というのである。

ある日、ふいっと見える

これも昔、新潟県の新津という町の大きな真宗の寺で講演した時のこと、老和尚が私のところへ来て突如こんなことを訊いた。

「紀野先生、あんた、ヘルマン・グンデルトという人を知ってなさるか?」

「知ってますよ、ヘルマン・ヘッセのいとこでしょう。ヘッセの小説『シッダルタ』はこの人に捧げられてますよ。それがどうかしたんですか?」

「そのグンデルトが日本に来てな、この寺に下宿してたんじゃよ。日本を知るのには田舎に住まにゃならん、肥(こえ)たごも担がにゃならんといってな、ほんとに肥たご担いで畑仕事をしたんですぞ」

これには私もびっくり仰天。こんなドイツ人も、私のいう「ゆいぶつよぶつ的人間」なのである。

まわりにこんな人間が見えてくると、その数は加速度的にふえる。そのうち、そこらじゅう、ゆいぶつよぶつ的人間ばかりになる。そしてある日、法華経がふいっと、見えるようになるのである。

四　一大事因縁のゆえに

「一大事因縁」とは何か

「方便品」に「一大事因縁」ということばが出てくる。禅僧の書いたものによく「一大事」とか「大事了畢（りょうひつ）」とか出てくるが、それらは皆、この「一大事因縁」に由来している。さてその「一大事因縁」とは何か。

われは、無数の方便と、種種の因縁と譬喩（ひゆ）と言辞とをもって諸法を演説するに、この法は思量・分別のよく解（げ）するところに非ずして、唯、仏のみありて、すなわちよくこれを知りたまえばなり。

所以はいかん。もろもろの仏・世尊は、唯、一大事因縁をもってのゆえにのみ、出現したまえばなり。舎利弗よ、いかなるをか、もろもろの仏・世尊は唯、一大事因縁をもってのゆえにのみ世に出現したもうと名づくるや。もろもろの仏・世尊は、衆生をして仏知見を開かしめ、清浄なることを得せしめんと欲するがゆえに、世に出現したもう。衆生に仏知見を示さんと欲するがゆえに、世に出現したもう。衆生をして、仏知見を悟らしめんと欲するがゆえに、世に出現したもう。衆生をして仏知見道に入らしめんと欲するがゆえに、世に出現したもう。舎利弗よ、これを諸仏は、唯、一大事因縁をもってのゆえにのみ、世に出現したもうとなすなり。(平楽寺版一〇一頁)

日蓮宗では、漢文に「諸仏世尊、欲令衆生、開仏知見……」とあるのに因んで、この一節を「欲令衆」と呼んで勤行のたびに唱えるのである。すなわちここが大切だと思うからである。

仏知見を開く

私はここの「開・示・悟・入」の四段階が、さとりが深まってゆく過程だと考えている。

仏はどうしてこの世に出られたか。世の中の大ぜいの人たちに、人間の知見ではなくて、仏の知見を開かせたいから世に出られたのである。

人間の知見は、ものを観察し、分析し、考えるのである。仏の知見は、考えるのではない、悟るのである。「意識」ではなくて「悟り識」である。人間がどうして生まれて来たか、何をなすべきか、どのように死ぬべきかを悟らせるのである。それを人間に知らせるために仏は世に出られた。

まず初めは、仏知見を開くことである。仏知見を開発することである。

仏知見はもともと、人間の心の底に「仏性」として埋め込まれているわけで、それが開発し、開顕すると「仏知見」になるわけである。

つまりは目が覚めるわけである。「開」も「覚」もほぼ同じような意味で用いられる。心が目をさましてゆく最初は「覚」である。「覚」が「示」を経て「悟」に深まってゆく。

日本語の用法として「覚悟」とはいうが「悟覚」とはいわない。「覚」もまた「さとり」ではあるが、きわめて浅いものである。この世界、つまり、「諸法」に対して目があくぐらいの段階である。目があくと、今まで気がつかなかったものが目に入ってくる。

仏教ではこの世界を「三界」と呼んでいる。「三界に家なし」などというあの三界である。「三界」は「欲界・色界・無色界」の三つから成っている。いずれも同じ世界なのだが三通りに見えるわけである。

「欲界」は、食欲と性欲に支配されているものの見る世界で、これが凡夫の見る世界である。凡夫ではあっても、食欲と性欲の支配を脱すると、「色界」が見える。殊妙精好というから、恐ろしく美しく見えるわけである。これがさらに深まると、心識のみの見る「無色界」が見える。

いつも、はっきりしている

法華経で「開」というのは、この色界の風光なのであろう。なにしろ、見るもの聞くものみな美しいのである。そして「了々」としている。「はっきり」しているのである。禅の方ではこれを「了々常知」という。

達摩大師のあと嗣ぎとなった神光慧可は、ある時、師に向かってこう言った。

「この頃は何も意識しなくなりました」（我すでに諸縁を息む）

すると達摩が訊いた、

「みんな、なくなってしまっているのじゃないか？」（断滅を成じ去ることなきや）

「いいえ、何物もなくなっておりません」（断滅とならず）

「何を証拠にしてそんなことを言うか？」（何を以て験となすや）

「いつもはっきり、はっきりだからです。しかしそれは何とも言いようがないのです」（了々として常に知る故に。之を言うべからず）

この時達摩大師は次のように言って慧可の心境を認めた。

「これはこれ、諸仏がさとられた心の姿なのだ。疑ったりしてはならんぞ」（此は是、諸仏所証の心の体なり、更に疑うことなかれ）

これが「開・示・悟・入」の第一段階「開」の状態である。

仏教では「四智」として「大円鏡智（だいえんきょうち）」「平等性智（びょうどうしょうち）」「妙観察智（みょうかんざつち）」「成所作智（じょうしょさち）」の四つを立てるが、「開」は「大円鏡智」にあたる。

「大円鏡智」は「大円・鏡智」であり、この宇宙の根源である一大心霊のことを大円といい、この一大心霊が、人間の心の底にある霊性（宗教的無意識・超越的無意識）に働きかけ、発現させ、宇宙という鏡にイメージを投影させる働きを鏡智というのである。

この四智について最も精通していたのは、幕末から明治・大正にかけて活躍した異色の念仏者弁栄聖者（べんねいせいじゃ）である。

弁栄聖者の法を伝えている、これまた異色の念仏者山本空外師（日本一の書家としても知られている）は、「弁栄聖者のお考えは一から十まで法華経から出ているんですよ」と、恐ろしいようなことを私に言われた。

その時から私は、法華経の開示悟入と、四智とのかかわりに注目するようになったのである。とにかく目があくと、人間の心の奥の真智が発現してくる。そして、自分の外に見ていた世界が、実は自分の心の中にある世界の投影されたイメージであると覚るようになるわけである。心の中の世界であるから、了々として常に知っているわけである。

平等性智を働かせる

その次は「示」である。見えているものを示すことだともいえる。見えているのなら示すことができるはずだともいえる。

四智でいえば「平等性智」で、花を美しいなあと、目の覚めるような思いで見るのが大円鏡智だとすると、その花を、たしかにある、まざまざとあると実感させる「実在感」「肯定感」がこの平等性智である。この平等性智が天体の運行や、自然界の動きや、人間の行為を整然と進行させるのであり、だからこそ肯定するのであり、整然と運行しない時は、「はてな？ 間違っていやしないかな？」と感じさせ、修正させるのもこの平等性智である。その意味では「示」は、行くべき正しい軌道を示してくれることになる。

人間の内なる平等性智が正しく働くようにするためには、末那識によって汚染されないようにしなくてはならない。そのためには、私利・私欲を去るように努力し、大ぜいの人々の幸せのために生きる生き方を優先しなくてはならない。

平等性智が正しく働くようになると「妙観察智」が働いて、存在するものすべてを美しい（妙）と観察するようになる。真・善・美を真善美として感じとることができるようになる。これが「悟」である。

浄土の変相を見てもこれを絵と見ず、その中に神（こころ）を遊ばせて優遊するに至るのがこの性智である。

この性智によって此の土を見ると、厭うべき娑婆世界（サハー・ローカ、苦しみ多き世界の意）が、そのまま寂光の浄土となる。これが日蓮のしばしば言う「娑婆即寂光土」である。

弁栄聖者はこう言う、

> 娑婆即寂光。吾人が厭ふべき穢土にありて、此の有為の身を捨てず、寂光の浄土に安住せしむることを教ふ。
> 吾人が天然の意識は、因果規定に変転止むなき世界と見るも、妙観察智の鑰を以て観ずる

時は、常在霊鷲山、此土安穏にして、天人常に充満し、園林諸堂閣、種々の宝を以て荘厳し、法身如来の相好三十二、常に此に在って滅せざるを見ん。(『無辺光』二五八頁)

こういう心境が「悟」である。これについては、「寿量品」の内容をとりあげる時にもう一度ふれることになる。

不思議を感得する

さて四智の第四は「成所作智」で、「入」にあたる。

この智は、妙観察智が美を感得する智であるのに対して、「不思議を感得する智」だといっていい。法界一切万物の中に仏がいて、常に説法し、常に不思議を示現しているというのがこの智の働きである。

一大心霊が自己を客観化して世界を作り、自己が主観となってこれを眺めて楽しむという働きである。眺めるものと、眺められるものとがひとつというのは、眺められるものの中に、眺めるものが入っているからである。「入」をそんな風に考えるのも面白い。自然界にはさまざまな不思議があり、その自然界の中に入りこんでいる人間が、最も不思議な能力を持ち、自然界の不思議を眺めて楽しんでいることほど不思議なことはない。

さとりはここまで行かなくてはならないのだ。仏はそれを人間に教えるために此の世に出現せられた。

世の中には、ある人間に真の生き方を教えるためだけに生まれて来る人がある。それもまた一大事因縁であり、その人は仏さまなのであった。

ここまで読み進んで来てしみじみ思うことは、われわれは自分一人で生きているのでなく、大いなる力に生かされて生きているのだなということである。弁栄聖者のいう一大心霊に生かされ、目をあけられ、真なるもの、美なるものを教えられ、この命を不思議と思わされるのである。親鸞が、「弥陀(みだ)の誓願不思議にたすけられまゐらせて」と言った心境がよく分るのである。

第5章

会うべき人についに会う

「火宅の喩え」図画

一　壮大な一元論

衆生は悉く吾が子なり

法華経第三章「譬喩品(ひゆほん)」では「火宅(かたく)の比喩」が説かれる。

ある国にある人が、高く広い古びた家に住んでいた。この人が外出している間に突然火事が起きる。「欻然火起(くつねんかき)」と経典はいっている。

この家の中の子供たちは屋内で遊び戯れていて火の迫るのを知らない。火の恐ろしさも知らない。父は直ちに家に入って、わが子に火の恐ろしさを説き、外に助け出そうとするが、子供は父の呼びかけに耳を傾けない。

そこで父は、外には羊車(ようしゃ)・鹿車(ろくしゃ)・牛車(ごしゃ)がある、早く出ていって楽しめと告げた。子らは争って外に出て、火から逃れることができた。この子らのためにこの人は、風の如く疾(はや)い大白牛車(だいびゃくごしゃ)を与えたという。

散文のあとに同じ趣旨の偈(げ)が説かれ、そのあとに、

今此の三界は皆是(みなこ)れ我が有なり

其の中の衆生は悉く是れ吾が子なり

という有名な一句が来る。比喩の内容よりもこの一句の方が有名になったくらい、この一句には独得の重味がある。この句につづいて、

而も今此の処はもろもろの患難多し
唯我一人のみ能く救護を為す

の一句も説かれ、この一句にもまた独得の重味がある。

この羊車・鹿車・牛車はそれぞれ、「声聞乗」（師に教えられることによって心の平安を得る者の立場）、「辟支仏乗」（独覚乗ともいい、独力で心の平安を得る者の立場・プラティエーカ・ブッダの音訳）、「菩薩乗」（大ぜいの人々の幸せを念願する者の立場）の三つに配せられる。

それに対して大白牛車は、すべての者にひとしく与えられる「大乗」であると経典はいう。

「一仏乗」は一元論

「大乗」を直ちに与えたのでは受けつけないので、初めに声聞乗や、辟支仏乗や、菩薩乗を与

えたのであって、それらは実は「一仏乗」なのだという。

初め三乗を説いて衆生を引導し、然して後に但(ただ)大乗をもってこれを度脱(どだつ)す。何をもっての故に、如来は無量の智慧・力・無所畏・諸法の蔵あって、よく一切衆生に大乗の法を与う。但(ただ)、尽くしてよく受けず。舎利弗、この因縁をもってまさに知るべし、諸仏方便力の故に、一仏乗において分別して三と説きたもう。（平楽寺版一五四頁）

諸仏の真に説きたいのは「一乗」であり、「一仏乗」である。現代風にいえば「一元論」である。師と弟子、父と子、自然と人間、仏と人間、神と人間、善と悪、理性と本能、男と女というような二元論ではなくて、師は師であると同時に弟子であり、父は子であると同時に子は父であり、男は男であると同時に女であり、女は女であると同時に男であるというような一元論の考え方はすばらしい。

これは欧米人にはどうしても理解できない考え方だろう。自然を征服して来た歴史の長い欧米人に、自然の中に埋没するようにして生きて来た歴史の長い日本人の性情が分るわけがない。

インドの現代の聖者バグワン・シュリー・ラジネーシュは、男が女に会うとき、そこには四人の男女がいる、何故なら、男は女に生まれたかも知れないし、女は男に生まれていたかも知れないからだという。

私に言わせれば、人間は今生だけでなく、何度も前生の生活をして来ているから、現在男であるとしても、その背後に無数の男や女の系譜があるに相違ない。だから、二人の男と女が出会うとき、四人どころではない、無数の男女が顔を合わしているのではないかと思うのだ。

そういう無数の男と女の出会いのうしろに、それらの男女を出会わしめるひとつの大きないのちの働きがある。それが「一仏乗」ではないか。

人生にはさまざまな人間がいる。人に教える者、人に教えられる者、大自然の理法に目ざめる者、自然にピアノを弾きはじめる者、自然に詩を作り始める者、物を作り出す者、色気のある者、全くない者、それぞれに面白いと思う。全く面白くない者がいるというのも面白い。一代や二代で出来たのではないのだ。そんな渾沌たる人間模様のうしろに、ひとつの巨大ないのちが動いている。それが一仏乗である。一元論である。

この生だけでなく、前生も、後生（死んでから次に生まれる生）も、更にその先の生も見渡しながらこの生を生きてゆきたいと私は思う。それが一仏乗であり、それが一元論だと思うのだ。

子はすべて仏の子

先に記した「今此三界皆是我有　其中衆生悉是吾子」ということばを私は、橿原神宮のずっと南の新庄町（昔の柿ノ本部落）の、柿本神社の右隣に立つ古びた小さなお堂影現寺の須弥壇の横の聯の字に見た。一目で、江戸時代の大梵語学者慈雲尊者の字だと分った。

この影現寺は、私の祖先である紀一族の一人真済僧正（紀僧正とも、柿本僧正ともいう）が柿本人麻呂の冥福を祈るために建てたものである。真済僧正は刑死した柿本人麻呂のまたいとこであったという。

このお堂は代々紀一族の者が守って来たそうであるが、どういうわけか慈雲尊者がここに住み、やがて河内の高貴寺に移って行かれたのだそうである。どうしてであろうか。

道元は『正法眼蔵』の「三界唯心」の巻の中で、この一句についてみごとな見解を示している。


悉是吾子は、子也全機現の道理なり。しかあれども、吾子かならず身体髪膚を慈父にうけて、毀破せず、虧闕せざるを、子現成とす。而今は父前子後にあらず、子前父後にあらず、父子あひならべるにあらざるを、吾子の道理といふなり。

「悉くこれ吾が子である」というのは、直ちに子であるということである。ふつう世の中では、吾が子といえば、必ずその身体髪膚を慈父より受けて、なんの欠けるところもない、その時はじめて子ということが成立すると考えるが、今はそうでない。父が先で子が後ということもなく、子が先で父が後ということもなくて、父と子とが同時ということもなく、直ちに子であるという、そういう考え方なのである。

これは、肉親の父と子という間柄を否定しているのである。父が先に生まれて子が後に生まれるとか、子が先で父が後とか、父と子が同時とか、そんなことでない間柄、直ちに父であり、直ちに子であるという間柄を道元は直視する。

父とは釈迦牟尼仏（しゃかむにぶつ）、子とは衆生なのである。

子はすべて仏の子だと、道元はいう。

生も死もひとつ

それで思い当るのだが、私は、我が子の真輝（まさき）を見ても、珠輝（たまき）を見ても、わが子と思いつつも、どこやらいつも、仏さまからあずかっている子という思いがあるのだ。

ついこの間、最愛の夫をガンで亡くされたある奥さまが、「手の中にあったものを、お返ししたという感じなんですの」と、悲しみの中で言われたのを、心に応えて聞いたのである。

真輝も、珠輝も、今は私の手の中にある。私が面倒見なくてはどうにもならない時期だからである。巣の中のひなのようなものである。

やがて、というより、もう、真輝の方は、巣から飛び立つ練習をけんめいにやっている。もう十数年もすれば、巣から飛び立っていってしまうのだろう。

そのとき私は、「手の中にあったものを、お返しした」という感じになるのだろう。やがては私も、天界へ去るのだろうが、その時妻は、「手の中にあったものを、お返ししたという感じですの」と言うのであろうか。「あいつめ、何と言うのかな」と、今からそれが楽しみでもある。

大円鏡智の中では、生も死もひとつ、主観も客観もひとつなのだから。

二　父を捨てた子

法華経は、いつも父と子

今度は法華経第四章「信解品(しんげほん)」に入りたい。

法華経を読んでいて気がついたことがある。

第三章「譬喩品(ひゆほん)」に出てくる「三界火宅」の喩え。第四章「信解品」に出てくる「長者窮子(ちょうじゃぐうじ)」の喩え。これはどうして「父と子」なのだろう。「三界火宅」の方は、燃える家の中で遊びたわむれている子供たちを、帰宅した父親が、門の外に羊の車、鹿の車、牛の車が用意してある、早い者勝ちだぞ、と言って、みごと門外に連れ出す話である。そこには母親はまるっきり姿を見せないのだ。

「長者窮子」の方は、父を捨てて家出した息子が五十年後に父に再会する。その父は大長者になっている。子はその人を父と識別できない。父はいつわって子をやとい入れ、卑しい仕事から次第に高度な仕事へと引き上げてゆき、最後に父であることを明し、財産すべてを子にゆずる。この時にも、母親は登場しない。どうしてだろうか。

インドは家系の真正(しんしょう)であることを尊んで、「七世以来父母(ぶも)真正」という。この場合、原語は「マーター・ピトゥリ」で「母と父と」である。それを中国では、母より父の方を上に置くので「父母」と順番を変えるのである。

それなのに法華経では、寓話に母を登場させない。いつでも、父と子なのである。

まだある。第十六章の「如来寿量品」には「良医」の比喩が説かれる。あるところに良医がいて、彼の留守中に子供たちが誤って毒を飲んだ。帰宅した父はすぐに良薬を作って子供たちに与える。本心を失っていない子供たちはそれを飲んで病はいえた。しかし、毒のために本心を失った子供たちはそれを飲まない。やむなく父は他国に行き、父は死んだと言わせる。この時、病める子供たちは、「常に悲感を懐いて心遂(つい)に醒悟(しょうご)する」のである。

この時も、「父と子」である。どうしてそこに、母は登場しないのか。

法華経の作者は明らかに、意図的に、親子の関係を「父と子」として捉えようとしているのである。

これに反して、『観無量寿経』では、「父と子」との争いの中に「母と子」の関係を取り入れている。そして、子の阿闍世王が母を殺そうとした時に、二人の大臣が、昔から、父を殺した王はいるが母を殺した王はいない、そういうことをする者は賤民である。そういう者を生かしておくことはできないといって剣を抜こうとしたので、さすがの阿闍世も母を殺すことは断念したという。インドはそういう国である。

しかし法華経はどこまでも「父と子」という関係で親子のありようを追求しようとする。つまりは、法華経は父系型の経典である。

そういう父系型の経典に心を磨かれた日蓮や元政が、いずれも母系型のタイプであるのは面白い。

「此れ実に、我が子なり」

さて「信解品」の内容だが、そこでは、釈尊の大弟子の中でも名の通った須菩提、大迦旃延、大迦葉、大目犍連の四人が立ち上り、世尊から問われないのに自ら次の比喩を語りはじめる。

ある男が父のもとから家出して他国を放浪し、五十年の歳月が経った。五十年経っても男はまだ放浪している。その間に父親は、子を追い求めることを諦め大富豪になってある町に住んでいる。そこへ放浪の息子が偶然やって来るのである。

貧窮の子は父の心に呼ばれるようにして門に近づく。父はすぐにその男が我が子であると知った。しかし貧人はすでに父の顔も見忘れている。父の余りの威勢に恐怖して貧人は逃げる。父は人をして追わしめ、貧人は恐れ、戦き、動顛し、悶絶してしまう。

父はこの貧人を行かしめ、家人の中で貧相の者二人を選んで近づかせ、巧みに邸内に連れこませる。こうして貧人は、父の家とも知らず、塵埃を掃除する仕事をするようになる。父は美服を脱ぎ、汚れた衣服をまとって貧人に近づき、はげます。こうして二十年経った。貧人はすでに金塊・黄金・金庫・穀倉を管理しているが、依然として「客作の賤人」であった。「よそ者意識の抜けない、自分を賤しとする人間」であった。

まもなく長者は病にかかり、死の近いことを知るや、親族・国王・大臣・刹利（クシャトリヤ・武士族）・居士（資産者）を集めてその前でこう告げる。

諸君、まさに知るべし。此れは是れ我が子なり。我の所生なり。某城中において我を捨てて逃走して、伶俜辛苦すること五十余年、其の本の字は某、我が名は某甲。昔本城に在って憂いを懐いて推ね覓めき。忽ちに此の間に於て遇い会うて之を得たり。此れ実に我が子なり、我実に其の父なり。今吾が所有の一切の財物は皆是れ子の有なり。先に出内する所は是れ子の所知なり。（平楽寺版一八七頁）

窮子は大いに歓喜してこう言った、「我れ、本、心に悕求する所あることなかりき。今此の宝蔵、自然にして至りぬといはんがごとし」

そして、「長者はすなわちこれ如来、我らは皆仏子に似たり。如来常に我等をこれ子なりと説きたまえり」という。

五障なく「自然にして至りぬ」

この窮子は、最も賤しい仕事をさせられたにもかかわらず、実に誠実にこの仕事をなした。経典には、

> 汝は常に作す時、欺・怠・瞋・恨・怨の言あることなく、すべて汝には、このもろもろの悪の、余の作人の如くなるもの有るを見ざればなり。（平楽寺版一八五頁）

この欺・怠・瞋・恨・怨の五つを「女人の五障」とする説がある。女人の五障については法華経の「提婆達多品」に、

また女人の身にはなお五障あり、一には梵天王となることを得ず。二には帝釈、三には魔王、四には転輪聖王、五には仏身なり。（平楽寺版三五四頁）

この五つは男だってなれはしないのだ。誰もなれはしないものを五障といわれたって痛くも痒くもなかろう。それより、欺・怠・瞋・恨・怨の方がずっと胸に応えるはずである。

「欺」はふつういう人を欺すことではない、実は自分を欺すことである。信ずべきものが信じられなくなることである。師が信じられなくなったり、夫が信じられなくなったり、子が信じられなくなったり、ひいては、人間が信じられなくなったりすることである。そういう生き方は、人間の心の奥底にある、人を信じ、人を愛し、大ぜいの人々を幸せにしたいという魂のありように背くことではないか。

「怠」は、最初持っていたういういしい情感をなくしてしまうことである。私は男と女のありようについて『女は男の子守唄』（のちに『異色大乗仏教入門』と改題。水書房）という風変りな本を書いたが、その冒頭に、「男はきびしく、烈しく、強く、丸太ン棒の如くあれ。女はやさしく、深く、あたたかく、限りなく赦すひとであれ」と書いた。その気持は今も全く変わってはいない。女のありようをそのように見た始まりは私の母であるが、それは私の妻に及び、私と妻のまわりにいる何人かのういういしいお嬢さんたちに及んでいる。その人たちは、何年たっても、何十年たってもそのういういしさが変わらない。かえって深くなってゆくほどである。女はそうでなくては。

「瞋」は怒ること、そして、憎むことである。女の中には絶えず誰かを憎み、誰かの悪口を言わないと落ち着かないという厄介な人間がいる。これが「瞋」である。

「恨」は生きている間じゅううらむこと。「怨」は死んでからもなおうらむことである。

窮子にはこの五つの障りが全くなかった。五十年に及ぶ放浪も、彼の心の奥底にある美しい情感を汚すことがなかった。よって彼は自然に父のもとにひき寄せられ、父のもとで生き、そのすべてを継承するのである。

あの時窮子は叫んだ。「今此の宝蔵、自然にして至りぬ」と。あれが実にいい。自然にそうなるのが一番いいと法華経は言っている。「提婆達多品」には、修行主義・苦行主義の智積菩薩が、「八歳の竜女がたちまちさとったなどということは信じられない」と、馬鹿振りをさらけ出しているが、時至れば、何の修行をせずとも、すとんと行くのだ。長い修行をし、それを自慢に思う人間には、びっしりと垢が着いている。美しい魂の顕われようがない程に垢が着いたのではおしまいだ。

修行もいい、努力もいいが、それよりもっと大事なものがある。自然にそうなるのが一番なのだ。

窮子は五十年の放浪の末、ついに父に出会った。われわれは何年、何十年放浪し、いったい誰に会うのであろうか。

会うべき人についに会う

私は二十三年目にはじめて父に出会い、母に出会った。父も母も広島の原爆で死んだが、その死にざまはまことにみごとだった。

南方の戦野に向かう直前、広島の原隊西部七部隊に挨拶に行ったら、参謀が私に言った、「広島だけ爆撃されないのはおかしいとは思わんか。きっと恐ろしい爆撃がいつか加えられるだろう。ご両親に疎開するようすすめた方がいいぞ」父に言うと「ご本尊とお寺とお墓を捨ててどこへ行けるか」。母に言うと、「お父さまを置いてどこへ行けるの」といって涼しげに笑った。

父は原爆が落ちた時、ご本尊の前で死んだ。母は出征する私の胸にしっかりと軍刀を押しつけて「それじゃ、体を大事にして……」といってニッコリ微笑んだあの玄関の左の端で死んだ。姉と妹は母のそばで即死だった。瀕死の母を助けに来た一番上の姉に向かって母は叫んだ、「お前は早く逃げなさい！」。姉は驚いて二、三歩下がり、防空壕のふちに足をとられて真逆様に転げ落ち、命を永らえた。母はいまわの際(きわ)に娘の命を助けたのだ。

昭和二十一年春になってやっと日本に送還されてきた私は、父と母の死によってはじめて真実の父と母の姿を見たような気がする。父と母のうしろには仏さまのいのちが輝いていた。

三十二年目に私は、比叡山山頂で南禅寺の柴山全慶老師に出会った。老師は六十歳、私は三十三歳であった。老師は威厳と愛と智性にあふれていた。六十歳にはとても見えなかった。五十四、五歳くらいに見えた。あんな立派な日本の男の顔と姿に接したのは生まれてはじめてだった。やさしい顔、立派な顔、精悍な顔、美しい顔には沢山出会っていたが、あんな顔ははじめてだった。私はこの八月九日で六十歳になる。柴山老師のような顔と姿になれるであろうか。

老師は法華経にいう「梅檀(せんだん)の香風、衆の心を悦可(えつか)す」という風光のお方であった。仏法の大海、大乗仏教の美しく深い世界へ私をひょいと連れていって下さった。

私は老師の前で気張ったことは一度もない。いつも自然にしていられた。いや、自然にしていられるように老師にして頂いたのだ。いや、老師のうしろにある仏さまのいのちにすっぽりと包まれてしまったのだ。

三十四年目に、のちに私の妻になるひとが私の前に現われた。五十年目にそのひとは私の妻になり、五十二年目に長男の真輝(まさき)を生んでくれ、五十五年目に次男の珠輝(たまき)を生んでくれた。この三人のうしろに、私はまた仏さまのいのちの世界を見た。

そして六十年目に今私は、『法華経を読む』を書いている。今の私の周囲にいる人たちは、どうしてこんなに素直で美しいのかと嘆息するような人たちばかりである。

私はどうやら、五十年過ぎてはじめて、会うべき人についに出会っているような気がする。

諸子は放浪何十年なりや。出会うべき人についに出会うているやいなや。如何!

あっというまに信じてしまう

「長者窮子の喩え」図画

一　智と禅

無分別智

法句経に智と禅に関して次の詩がある。

三七二

智なき人に
禅はなし
禅なき人に
智あるなし
人にして
禅と智とを
具足せんに
彼はすでに菩提（さとり）に
近づけるなり

ここで「智」というのは、「パンニャー」のこと、「禅」とは、「ジャーナ」のことである。智と禅とは車の両輪のようなもの。どちらが欠けても、さとりには至らない。

「ジャーナ」の音訳が「禅」である。

「禅」とは第一に、世俗の縁を断ち、心を迷わせるようなことから離れ、心を静め、心を明らかにして、真正の道理に到達することである。

第二に、心を集中して三昧に入り、寂静に遊ぶことである。

「パンニャー」は「智」であり、音訳して「般若」である。それは、この世におこるさまざまの出来事を分析して知る「ヴィンニャーナ」とは違ったものである。頭がいいとか、理解力があるとかいうのはヴィンニャーナで、これは「分別知」といわれる。あれこれ分別するから分別知といわれる。そんなのでない智慧がパンニャーであり、無分別智といわれる。

どうしようもない存在

私たちは、常識に外れた、無法な、つまり、法に反した行動をすると、無分別なことをする、というが、実は仏法の道理からいうと、分別があるというのは大したことではないので、無分別の境に入ってはじめて、さとったといわれるのである。

だから、ここで、「智なき人」というのを、智慧のない人間、という風に考えてしまってはならない。

ここで「智なき人」というのは、いわゆる分別人のことである。すぐに自分と他人との区別を考え、主観と客観とを分けてしまう人間のことである。

すぐ「私は、私は」とか、「私の考えでは」といい出す人間で、こんな人間は一見、考え深そうに見えるが、なあに、自分のことしか考えてはいないのだ。他人のことを考えているように見えても、実はそれは自分を押し出すためなのだ。

こんな人間は、えらそうなことをいったって、考えているのは自分の利益のことばっかりである。世俗の縁を断ち切るどころか、世俗にどっぷりつかっており、心は自分の欲で迷いっ放し、心は上っ調子で、自分のこと以外は何も分らず、いや、自分のことさえも分らず、道理など何も分ってはいないのだ。

こんな人間を、禅がないという。禅がないどころか、自分もなければ、道もない。どうしようもない存在なのだ。

二　あっというまに信じてしまう（即能信解）

道元の即能信解

ところで、有智とか、無智とかいうと、私はすぐに法華経の「薬草喩品」の中にある有名な言葉を思い出す。

有智若聞　則能信解（智あるはもし聞いては、則ち能く信解し）
無智疑怪　則為永失（智なきは疑怪して、則ち永く失なうべし）

という名句である。

ひと通りに読めば、「智慧のある人がもし聞いたら、よく信解するが、智慧のない人は、疑ったり怪しんだりして信じないから、大事なものを永く失なうことになる」というような意味になるだろう。それではさっぱり面白くない。

これを一番すばらしく読んだのは禅宗の道元禅師で、『正法眼蔵』の「恁麼」の巻の中にこんなことを書いている。本文はかなり長大なものだが、その中で、今のこの問題にかかわりのあるところを引用してみよう。

六祖のむかしは、新州の樵夫なり。山をもきはめ、水をもきはむ。たとひ青松のもとに功夫して根源を截断せりとも、なにとしてか明窓のうちに従容して照心の古教ありとしらん。澡雪たれにかならふ。いちにありて経をきく。これみづからまちしところにあらず、他のすすむるにあらず。いとけなくして父を喪し、長じては母をやしなふ。しらず、このころもにかかれりける一顆珠の、乾坤を照破することを。たちまちに発明せしより、老母をすてて知識をたづぬ。人のまれなる儀なり。恩愛のたれかかろからん、法をおもくして恩を軽くするによりて、棄恩せしなり。これすなはち有智若聞、即能信解の道理なり。

いはゆる智は、人に学せず、みづからおこすにあらず。智よく智につたはれ、智すなはち智をたづぬるなり。五百の蝙蝠は、智おのづから身をつくる。さらに身なし、心なし。十千の遊魚は智したしく身にてあるゆゑに、縁にあらず、因にあらずといへども、聞法すれば即解するなり。

きたるにあらず、入にあらず。たとへば東君の春にあふがごとし。智は有念にあらず、智は無念にあらず。智は有心にあらず、智は無心にあらず。いはんや大小にかかはらんや、いはんや迷悟の論ならんや。いふところは、仏法はいかにあることともしらず、さきより聞取するにあらざれば、したふにあらず、ねがふにあらざれども、聞法するに恩をかろくし身をわするるは、有智の身心すでに自己にあらざるがゆゑにしかあらしむるなり。これを即能信解といふ。

道元がこのすばらしい文章と、すばらしい信解ぶりを示したのは、仁治三年(一二四二)の三月二十六日であった。今の暦でいうと、四月の末である。春ようやく闌け、百花妍をきそうという頃である。

道元は正治二年(一二〇〇)正月二日の生まれであるから、この時四十二歳三ヵ月、正しく男盛りであった。宇治の興聖寺で大衆に説法されたのがこの説法である。

道元の文章は実に美しい。実にリズミカルである。そこに独得の波動がある。よく難解だという人があるが、道元は別に難解な文章を書こうと思っていたわけではない。心に思う通りを書いたのだ。

恩愛は仏法より軽し

難しいとあきらめてしまう前に、声高らかに何度でも読んでみるといい。この頃では大の男が大声で読んでおかしくないという文章が少なくなった。

しかし、道元の正法眼蔵なら大したものである。よく分るまで読んでほしい。私の現代語訳などあてにせず、どこまでも自分の力で読んでほしいものである。

さて、そうはいっても、やはり、よく分るように現代語訳してみよう。原文に忠実にというより、現代のわれわれによく通じるように直訳、意訳とりまぜてやってみよう。

〔右の引用文の現代語訳〕

禅宗の第六番目の祖師（ということは、初祖菩提達摩大師から勘定して第六番目のお祖師さまということ）の慧能という人は、出家する前は、中国の新州というところのきこりだった。

きこりだったから、山のことはよく知っていたろう。水のこともよく知っていたろう。だが、青松のもとで心をめぐらして、迷いの根本をすっぱり断ち切ったことはあったとしても、禅の僧堂の明るい窓の下にゆったりと坐って心を照らす教えがあるということは知らなんだろう。わが心をすすぎ清めることは誰にも習わなかったろう。それではだめなのだ。

ところがある日のこと、市に薪を売りに行ったところ、ある人が金剛般若経を大声でとなえているのを聞いて動けなくなった。となえ終ると、すぐそこへ出ていって、何というお経か、誰に教わったか、と訊いた。思わずそうしたのだ。そして、禅宗の第五祖の弘忍という人から教わったのだと知ったのだ。これは、思わずそうしたので、自分からそうしようと思ったのでもなく、ひとからすすめられてそうしたのでもない。自然にそういうことになったのだ。

この人は、幼い時に父を亡くし、母ひとりに育てられ、長じてその母を養っていた。そういう自分の衣の裏に、法華経にいう無価の宝珠、つまり、値段がつけられないほどすばらしい珠が縫いつけられているということは知らなんだ。その珠とは、仏さまから特別に授かって生まれてきた魂のことである。その魂がやがて光を発して天地を照らし渡るなどということは夢にも知らなかったのだ。

ところが、その光は射しはじめた。光が射しはじめたらもうどうにもならない。自分の力ではどうにもならない。矢も楯もたまらず出家したくなった。年とった母親は放り出して、五祖弘忍のところへ行ってしまったのだ。こんなことは世間にざらにあるというようなことじゃない。めったにないことだ。育ててくれた母親の恩が軽いなどと思う者があるものか。親の恩の重いことは百も承知だ。けれども、それよりもはるかに重い仏法というものがある。仏法を尋ねることを重いとし、恩愛はそれよりもはるかに軽いと思うから、恩愛を棄てたのだ。母の恩を棄てたのだ。これが法華経の薬草喩品にいう「有智若聞、即能信解」の道理なのだ（道元は、即能信解といった。本文は則能信解なのだ。則を即に変えてしまった。そこに道元の深い考えがある）。

智が智を尋ねる

智というものは、人に学んで得られるものじゃない。自分の力で起こすものでもない。智から智へと伝わり、智が智を尋ねるのである。玄奘（げんじょう）三蔵の書いた『大唐西域記（さいいきき）』に、五百のこうもりたちがお経に聴きほれているうちに身を焼かれたがそれでも気がつかず、死んでから、その経を聴いて得た智によって聖者になったとある。その聖者の身は、智そのものがそれを作ったのだ。

智にはもともと、これが身で、これが心というようなものはないのである。

『金光明経』の「流水（るすい）長者品」には、乾上った池の中の沢山の魚たちが経典を聴くことによって天に生まれたという。そこでは、智がそのまま身であるから、なんの因縁がなくても、法を聞けばたちまち信解するのである。

智はどこから来るのでもなく、入りこむのでもない。それは陽の神が春にあうようなものである。智は有念（うねん）でもなく、無念でもない。智は有心（うしん）でもなく、無心でもない。大きいの、小さいのということなどあるはずがない。迷うの、悟るのといったことがあるはずがない。

仏法がどういうものであるかも知らず、以前から聞いていたわけではないから、仏法を慕っていたわけでもなく、仏法を願っていたわけでもないけれども、ふと法を聞いたとたんに、恩愛を軽くし、身を忘れて出家してしまうということになるのは、智のある人間の身心というものは、もうはじめから自分のものではないのであるから、あっというまにそんなことになってしまうのである。これを「即能信解」というのである。

三　六祖出家の因縁

あっというまに……

道元は、六祖が、お経を聞いたとたんに動けなくなり、あっというまにそのお経の有難さを信じ、あっというまに母親を捨て、あっというまに出家してしまった、その早さに感動したのである。

そこで、法華経の本文には「則能信解」とあったのに、知らん顔をして「則」を「即」にすり替えてしまった。熟練したすりよりも素早い仕業で、よく禅宗では、心の働きの早い人間のことを「すりのような奴だ」というが、全く道元もやることが素早い。だから、道元の書いた『正法眼蔵』しか読んでいない者は、そのまんま「即能信解」と信じこんでしまうのだ。

いや、則が即になろうとなるまいと、そんなことはどうでもいいので、あっというまに信じてしまえばそれでいいのだ。

どうして、あっというまに信じてしまうかというと、そういう人、つまり、有智の人は、その人の身も心も実はその人のものじゃない。本人は知らないだろうが、その人の身心は「智そのもの」が変身してそこに現われているのだ。仮の人間に宿っているわけで、仮の人間の方は、何が何だか分らないうちに、あっというまに出家してしまうのだ。よく、「あれよ、あれよというまに」などというが、全くその仮の人間の方としたら、あれよ、あれよというまだろう。

こういうのを「自然に」というのである。だから「自然」というのは恐ろしいのだ。「自然に」というのは、「智の思うままに」ということである。「仏さまの思うままに」「神さまの思召（おぼしめし）のままに」ということである。

これでは、けちな「仮の人間」としては、手の出しようがないだろう。

岡潔先生が言っていたが、芸術作品を理解するやり方は、信解(しんげ)、情解(じょうげ)、知解(ちげ)という順だそうである。

たとえば、良寛の書いた「天上大風」という字を見ていると、何だかよく分らないけれども、これは真正のものだとすぐに信じてしまう。これが「信解」というものだという。

次に、見ていると、気持がよくなり、すがすがしくなり、大らかになる。これが「情解」というものだという。

あくる日になると、風が左から右に吹いているのだなということまで分るようになる。これが「知解」だというのである。

岡潔先生は、この「信解」の出所として、道元の『正法眼蔵』恁麼の巻であると明記しておられた。やはり一流の人というものは眼の付けどころが違っている。道元のこの言葉を、あっというまにそんな風に理解してしまったのは岡潔先生ひとりである。

第三の客の因縁

ところで、六祖の出家の因縁は、『六祖壇経(ろくそだんきょう)』によるともっとていねいである。

六祖は町に柴を売りに行ったところ、一人の男が買ってくれて金を呉れた。柴は宿屋に届けてくれというので、指定された宿屋に持っていった。すると、一人の男がお経を読んでいる。それを聞いているうちに動けなくなった。終るとすぐにお経のことを訊ねたのは型の如くである。

そのあとが面白い。「宿昔に縁あり、乃ち一客の銀十両を取って恵能に与え、老母の衣糧に充てしめて」とある。

この一客が経を読んでいた客なのか、それとも別の一客なのかそこまでは分らない。私は別の客にしたら面白いなと思っている。

三人の客がいたわけだ。一人は柴の金を払い、それを宿屋に届けさせた。そこに第二の客がいて経を誦(よ)んでいる。六祖はたちまち出家の決心をした。しかし、老母がいる。六祖の顔は一瞬かげったろう。

それを別の第三の客が見てとってすぐに問うた。「どうかしたか?」「いえ、老母のことが心配で」

その時、第三の客はあっというまに銀十両という大金を六祖の前に放り出す。「これをお母さんの生活費にしろ」この第三の客には因縁があって、この時銀十両を六祖に与えることになっていたという。恐ろしいような話である。

六祖はこうして、ついに黄梅の五祖弘忍のところへ行くのである。

第7章

仇敵も、女人も、すばらしい

大地の底から湧き出る多宝如来の宝塔

一　ええなあ！　ええなあ！

「しぇい、しぇいするな！」

仏が法華経を説かれると、不思議なことが起きた。仏の前の大地の底から、七宝の塔が涌出して空中にかかったのだ。

しかも、その宝塔の中から大音声がひびきわたる。

善哉、善哉、釈迦牟尼世尊、よく平等大慧・教菩薩法・仏所護念の妙法華経をもって大衆の為に説き給う。是の如し、是の如し。釈迦牟尼世尊所説のごときは皆是れ真実なり。（平楽寺版三三三頁）

「善哉」の原語は「サードゥフ」で、その通りだ、賛成、という意味を持っている。ふつうこの語は、善哉とそのまま出してくる。「よきかな」などというとどうもうまくない。

私はこの語を、思いきって、「ええなあ！　ええなあ！」と訳してしまった。これだと恐ろしく感じがよく出る。宮沢賢治が「雲の信号」という詩の冒頭に

ああいいな　せいせいするな
風が吹くし
農具はぴかぴか光つてゐるし
山は！　ぼんやり
岩頸（がんけい）だつて岩鐘だつて
みんな時間のないころのゆめをみてゐるのだ

と歌った、その原点はここだったろうと私は考えている。法華経の華麗な説法を聴いたからこそ、「ええなあ！　ええなあ！」という歎声が、讃美が、絶叫が、思わず噴き上げて来たのだ。

私は昔、賢治の弟の清六さんと、雨が上ったばかりの成島（なるしま）の毘沙門天（びしやもんてん）の山を登ったことがある。雨に洗われたばかりのその山も、周囲に屏風のように連っている山々も、すべて紅葉（こうよう）であった。まるで錦の屏風の中を登ってゆくようであった。

清六さんは時々立ち止まって、両手を上衣のポケットに突っ込んだまま、抜けるような青空と頭上を覆う雑木の黄葉を見上げ、

「ああいいな、せいせいするな！」

と叫んだ。私の耳にそれは、「しぇい、しぇいするな!」と聞こえたが、かえって、なんともいえない存在感、実在感があった。あんなしぇいしぇいした日はめったにあるものではない。東北の天地が、私と清六さんに特に恵んでくれた半日だったと今でも思っている。

「為作証明」

さて、仏の前にいた人々は、このことを怪しみ、大衆の中にいた大楽説(だいぎょうせつ)(マハー・プラティバーナ)という菩薩が皆を代表して仏にその意味を訊ねた。

仏は、この塔の中には多宝如来という仏がおられるが、この仏は、

> もし我れ、仏となりて滅度せし後に、十方の国土において、法華経を説く処あらば、わが塔廟(とうみょう)は、この経を聴かんが為の故に、その前に涌現(ゆげん)して、為に証明(しょうみょう)と作(な)って、讃(ほ)めて善哉と言わん。

という願を立てたのであり、よって今、大地の底から涌現して、証明を作したのであると説明せられた。

この「為作証明(いさしょうみょう)」というのが面白いではないか。真理に証明などは要らないのだが、法華経

を聴くとどうにも証明を為すために現われずにはいられないというところが面白い。

ほんとうのことを聴くと、どうしても「ほんとうだ」と叫ばずにはいられないのだ。「多宝」は「プラブータ・ラトナ」で、「沢山の宝」という意味である。仏法で宝といえばすぐに「三宝」を思い出すが、この場合は「仏・法・僧」の三宝の中の「法宝」だろう。それは、「教えという宝」である。

法華経が世に現われる前におびただしく説かれたのは、般若経であった。そこでは、「空の論理」が説かれ、「否定の論理」が説かれた。「何々に非ず」と否定し、否定することによって肯定するという、屈折した思考であった。

それを多宝如来は代表していると私は考える。だから後の場面で、皆が多宝如来の姿が見たいといい、多宝塔の扉を釈迦牟尼仏が開かれると、全身乾からびた多宝如来の姿が見られるということになる。論理だけでは、乾からびた仏しか捉えられないぞという皮肉である。

「二仏並坐」

さてその般若の否定の論理のあとに出現したのが、法華経の諸法実相、肯定、肯定、絶対肯定の人生観、存在するものはすべてすばらしいという大肯定の人生観であった。

これでは「ええなあ！　ええなあ！」と唸るよりほかないではないか。

さて、扉が開かれ、多宝如来が姿を現わすと、多宝如来は「半座」をあけて、そこに釈迦如来を招く。釈迦如来はすぐにそこに坐られ、ここに「二仏並坐（びょうざ）」という姿が示される。

「並坐」というのは、二つ並んだものが全く同じ重味、値打ちを持っていることを、こういう形で現わすのである。

過去の仏である多宝如来と、現在の仏である釈迦如来とがひとつになった時、理念（ロゴス）を代表する多宝如来と、イメージを代表する釈迦如来とが一つの坐に並ぶ姿は、ロゴスを司る左脳と、イメージを司る右脳とが相並んで大脳を形作っているのを思わせる。

今イメージ脳にとりつかれている私にとっては何でもそんな風に見えるのかも知れないが、論理や言語を司る左脳も大切なら、イメージ記憶や直観や芸術や宗教を司る右脳もまた大切で、その両者のバランスのとれたところにさとりがあると私は考えているので、「見宝塔品」の象徴的な世界は忘れられないのである。

二　強敵（ごうてき）が人をば善く成しけるなり

仏にとっての善知識

さて、漢訳ではこの「見宝塔品」第十一の後に、「提婆達多品（だいばだったほん）」第十二が来るのだが、梵語の原典にはこの第十二章の章建てがない。つまり、「提婆達多品」の内容はそのまま章を立てないで「見宝塔品」のうしろにくっついているわけである。

どうしてそうなったのかは分らないが、とにかくそうなっている。それを羅什は二つに分けて、別々の章にしたのである。

この「提婆達多品」には、その名の通り提婆達多（デーヴァ・ダッタ）のことが説かれる。しかも、提婆達多は仏にとっての善知識だったという破天荒なことが説かれるのだ。

提婆は釈尊の父の弟の子供といわれる。すなわち釈尊の従弟である。弟に阿難（アーナンダ）がおり、阿難は釈尊の常随の侍者になった。兄弟でありながら、兄の提婆は釈尊に反逆し、弟の阿難は釈尊の常随の弟子となったところが面白い。

釈尊に反逆し、殺そうとしたような男を教団が好意的に見るわけはない。提婆に関する記述はすべて悪意的である。

しかるに、この「提婆達多品」のみは好意的である。

仏が前世で国王であった時、法の為の故に国位を捨てて政を太子に任せ、鼓を撃って四方に宣令して法を求めた。「誰かよく我が為に大乗を説かん者なる。我まさに身を終るまで供給し走使すべし」と。

その時一仙人が来って王に言った、「我、大乗を有てり、妙法蓮華経と名づけたてまつる。もし我に違わずんば、まさに為に宣説すべし」と。
王は仙人の言葉を聞いて歓喜踊躍し、仙人に従って所須を供給し、果を採り、水を汲み、薪を拾い、食を設け、乃至、身を以て状座となせしに、身心倦きことなかりき。時に奉事すること千歳を経て、法の為の故に精勤し、給侍して乏しき所なからしめなかった。その結果、ついに法華経を説いてもらったのだという。経典はこういう、

その時の王とはすなわち我が身これなり。時の仙人とは今の提婆達多これなり。提婆達多が善知識に由るが故に……

と。そしてまた、提婆達多の未来を予言してこういう、

提婆達多却って後、無量劫を過ぎてまさに成仏することを得べし。号を天王如来といはん。

（平楽寺版三四七頁）

対立する提婆を肯定する

この「提婆達多品」は法華経本来の章ではなく、のちに附加されたものである。しかし、本質

的に同じものを持っていたので吸収されたのである。

法華経が肯定、肯定、絶対肯定を原則とする立場に立つのであれば、釈尊を否定した提婆達多をも肯定するのが当然である。

提婆達多はあらゆる点で釈尊に匹敵するだけの力を持っていたと思われるが、徳においてははるかに釈尊に及ばなかった。

しかし、絶えず釈尊を監視し、対立する提婆達多のような男が同じ教団の中にいることは、釈尊自身が成長してゆく上において大きなプラスであったに違いない。

日蓮は鎌倉において、平左衛門尉頼綱、極楽寺入道重時、大仏宣時、北条時宗等々の人々に憎まれ、弾圧されたが、のちに『種種御振舞御書』の中でこう言っている。

> 相模守殿（時宗のこと）こそ善知識よ。平左衛門こそ提婆達多よ。……釈迦如来の御為には、提婆達多こそ第一の善知識よ。今の世間を見るに、人を善く成す者は、方人（味方のこと）よりも強敵が人をば善く成しけるなり、眼前に見えたり。此の鎌倉御一門の繁昌は、義盛と隠岐の法皇ましまさずば、争か日本の主とはなり給ふべき。されば此の人人は此の御一門の御為には第一の方人なり。日蓮が仏にならん第一の方人は景信、法師には良観・道隆・道阿弥陀仏、平左衛門尉・守殿おはしまさずば、争か法華経の行者とはなるべき。

日蓮のように修羅場をくぐり抜け、どたん場で生きのびて来た者にはよく分るのだ。自分を仇敵視する者ほど自分を叩き上げてくれるのだということが。

この世の中、ぬるま湯のような生き方をして、自分をほめてくれる者だけに包まれて生きていたのでは、もやしの腐ったような老人になって死ぬだけのことだ。対立者けっこう。仇敵けっこう。思うさま叩いてくれるがいい。それでくたばるようなら、生きている値打ちがないのだ。

しかし、提婆達多は評判が悪い。イエスを売ったイスキャリオテのユダとおんなじだ。しかし、提婆達多の存在は正当に評価されなくてはならない。だが、そうされるかどうか。

真実はなかなか伝わらず

戦後の教科書を批判した名越二荒之助氏の『戦後教科書の避けてきたもの』を読むと、映画『二百三高地』に描かれた旅順の戦いを「中教出版」社会科六年上の教科書には、上段に与謝野晶子の写真と、「君死に給ふことなかれ」の詩を掲げ、下段の本文に「日露戦争のとき、与謝野晶子は、中国の旅順で戦っている弟の身のうえを思って、上のような詩をつくりました。日本軍はロシア軍の堅固な要塞に総こうげきをくり返しますが、死傷者がふえるばかりでなかなか落ちません。そんな最中に、この詩が発表されました。夫や子どもを戦場に送っている家族のせつない気持ちや、戦争をにくむ気持ちがよくあらわれていて、国民の心にしみとおっていきました」

と書いている。この記述は冷静に、客観的に事実を報道していない。名越氏はこう言っている。

「①死傷者がふえることばかり書いていて、旅順を陥落させたかどうかには触れていない。②戦争に反対した人たちだけを登場させて、推進した主役や将兵の働きを書いていない。与謝野晶子は出ても、乃木希典（のぎまれすけ）の出ない旅順の戦いなのである。③反対論の立場から書いているので壮絶だった攻防戦のイメージが浮かんでこない。④旅順の戦いは日露戦争の天王山であった。そこを陥落させたことによって、その後の戦局がいかに好転したかに触れていない。これでは旅順で戦死した二万二千九百人の犠牲者の霊が浮かばれないし、当時の国民の息づまるような必死の思いも伝わってこないのである。」

まことに名越氏の指摘する通りである。事実はなかなか冷静に、客観的には伝えられないのだ。

ついでながら映画『二百三高地』は、ロシアに対する日本人の恐れと敵愾心（てきがいしん）は描いていたが、ロシア太平洋艦隊司令長官マカロフが日本海軍の水雷にかかって旗艦ペトロパウロスク号と運命を共にした時、沈没後二夜にわたって、名古屋と東京で、マカロフの死を悼（いた）む日本人が、何千という葬儀用の白提灯をささげて行進したこと、その時のプラカードには、「我らは勇敢なる露将マカロフの死を深く悲しむ」と大書してあったこと、各国の新聞記者は、敵将の死をこのように悼む日本の騎士道精神に驚いたことを名越氏は指摘している。真実の姿というものはなかなか伝わらないものである。

三　八歳の竜女が仏になる

竜女、あっというまにさとる

「提婆達多品」の後半には「竜女成仏（りゅうにょじょうぶつ）」が説かれる。

多宝如来の連れて来た智積（ちしゃく）菩薩という者が、多宝如来に向かって、「本土へ還り給うべし」と言った時、釈迦仏は、やがて文殊師利（もんじゅしり）という者がやって来るから「妙法を諭説して、本土へ還るべし」と言われる。

そこへ、車輪のような形の千葉の蓮華に乗って文殊がやってくる。大海の底の「娑竭羅（しゃから）竜宮」から自然に涌出して虚空にかかった菩薩たちも一緒であった。「娑竭羅」は「サーガラ」の音訳で「海」の意である。

智積は文殊に向かって、「竜宮に往いて化するところの衆生、其の数いくばくぞ」と尋ねる。文殊が「其の数、無量にして称計すべからず、口の宣（の）ぶるところに非ず、心の測るところにあらず、しばらく須臾（しゅゆ）を待て、自らまさに証あるべし」というと、無数の菩薩が海から湧出して虚空にかかる。

文殊が海中において説いたのは、唯、常に妙法華経であったというと、智積はすぐにひっかかる。そんな甚深微妙の経、諸経の中の宝を説いて「もし衆生の、勤加精進し此の経を修行して速かに仏を得るありやいなや」と訊いた。

文殊は、大海の竜王の娘で八歳の竜女が、「刹那の頃においで菩提心を発して不退転を得たり」と答えた。そこで智積菩薩がさらに咬みつく。


我、釈迦如来を見たてまつれば、無量劫において難行苦行し、功を積み、徳を累ねて、菩薩の道を求むること未だ曾て止息したまわず。三千大千世界を見るに、ないし芥子の如きばかりも、これ、菩薩にして身命を捨てたもう処に非ざることあることなし、衆生の為の故なり。然して後に、すなわち菩提の道を成ずることを得たまえり。信ぜじ、此の女の、須臾の頃においてすなわち正覚を成ずることを。（平楽寺版三五二頁）

ここに智積菩薩の「修行主義・苦行主義」があらわに顔を出している。さとりというものは、釈尊でさえ、長い間難行苦行し、功を積み、徳をかさね、何度も何度も衆生のために身命を捨てるのでなければ得られなかったのだ、それを、八歳の女の子があっというまにさとったなど、信じられるか、というのである。

言下に竜女、すなわち、海竜王の娘が姿を現わす。それは実に、あまねく十方を照らすというていの、すばらしい姿であった。

舎利弗の女性蔑視

すると、今度は舎利弗が竜女に向かって文句をいう。

汝、久しからずして無上道を得たりとおもえる、この事信じ難し。所以はいかん。女身は垢穢にしてこれ法器に非ず。いかんぞよく無上菩提を得ん。仏道ははるかなり。無量劫を経て勤苦して行を積み、つぶさに諸度（さとりのための徳目）を修し、然してのちにすなわち成ず。又女人の身にはなお五障あり、一には梵天王となることを得ず、二には帝釈、三には魔王、四には転輪聖王、五には仏身なり。いかんぞ女身すみやかに成仏することを得ん。（三五四頁）

この舎利弗は修行主義に加うるに女性蔑視の偏見を抱いているようだ。女身は垢穢というが、舎利弗はよほど程度の悪い女しか知らなかったのだろう。それとも、全く女というものを知らず、女が恐ろしいので、女身は垢穢、女身は垢穢、と自分に言いきかせて、女の誘惑から逃れようとしたのだろう。

私などは、女身ほど美しくすばらしいものはないと思い、女人ほどやさしく深いものはないと思うから、竜女がたちまちにさとりをひらいたのを実にすばらしいと思う。

「変成男子」

昔、小浜の発心寺に、原田祖岳老師というすばらしいお師家さまがおいでになって、在俗の弟子をも交えて説法なさった時、黒板に円相をすっと書かれたそうである。それを見ていた芸者が二人、あっという間にさとったということであるが、そんなこともあるだろうなと思う。

私は随分いろんな方にお目にかかって来た。長い修行をしたとか、長い間坐禅してさとりをひらいたという人にお目にかかって、なるほどすばらしいものだなと思うこともあれば、こんなことなら修行などせぬ方がよかったのになと思うこともあった。最近は、修行したということにひっかかって、濁ってしまった人にお目にかかることが多いので、長い修行をして来たという人にはなるべくお目にかからないことにしている。お会いして失望したのでは、折角なさった修行というものに対して申しわけがないからである。修行そのものが悪いのではない、人間が悪いのである。

そのかわり、修行などしないが、人を幸せにしたいということだけを考えつづけて珠のような性格になった人、生まれつき珠のように美しいものを持っている人にお目にかかることが、比べものにならぬほど多くなってきたのはうれしいことである。

今の私は、智積や舎利弗などはお呼びでなく、竜女のような女性に会いたいものだなと切に思う人間になっているのである。

竜女は、値がつけられないほど高価な宝珠を仏に奉った。仏はこれを受けられる。竜女は智積と文殊に言う、「我れ、宝珠を奉る。世尊の納受、この事、疾しや?」。二人が「甚だ疾し」と答えると、竜女は言った、「汝が神力をもって我が成仏を観よ、またこれよりも速かならん」というなり、皆の見ている前で見る見る変じて男子となって、南方無垢世界に往き、仏となって説法する姿を示したという。これを「変成男子」というのである。

"男女交会の時"成仏す

ずっと以前、私の維摩経講義を聴講せられた品のいい老婦人が私にこのことを訊かれ、自ら答えて「先生、女は男にならねば救われないと思います」と、きっぱり言われた。

その老婦人はお念仏の信心の深い人であったが、最愛の息子が母を捨てて女のもとへ走ったことを赦せないのだということであった。そのことで彼女は、自分の女の性の奥底にとぐろを巻いている女の魔性に気付き、慄然とされたのであろう。

その恨み、その憎しみがあまりに烈しかったので、その魔性のもっと下にかくれている美しい魂の存在までは至り得なかったのであろう。かなしいことだが、大方の女はその魔性のために道に迷い、鬼となるのである。

女はやはり、男にならねばならぬ。逆にいえば、男は男で、女にならねばならぬ。女の持つやわらかさ、やさしさ、かなしさ、深さ、たおやかさを身にしみて分る人間にならねばならぬ。男のうしろに無数の女や男の系譜があり、女のうしろに無数の男や女の系譜があることについてはすでにふれた。

男に生まれ、女に生まれることとは、ちょっとした違いで始まるのであろう。ちょっとした手違いならば、女であることや、男であることに深くこだわることはあるまい。深くこだわることは執着である。その執着につかまらぬようにするには、女は男に命をあずけ、男は女に命をあずけ、まるごとあずけてひとつになるのが一番と思える。

かけがえのない宝珠は人の命である。その命を、仏に奉るように愛する者にあずけっ放しにするのである。あずけられたら、さっさと納受することである。そこから、男と女とひとつ、という世界が始まる。そして、男は女の中で成仏し、女は男に抱かれて成仏する。女ひとり成仏させられない僧が、他人に向かって成仏を説くのを見ると笑い出したくなる。男はその妻を見ればすぐに値打ちが分る。女は連れ添う男を見ればすぐにいい女かどうか分ってしまう。日蓮はいみじくも言った。

まさしく男女交会の時南無妙法蓮華経と唱ふるところを、煩悩即菩提・生死即涅槃といふなり。

男と女とが、心をひとつにし、体をひとつにし、魂をひとつにしておのずからに南無妙法蓮華経と噴き上げるとき、迷いもさとりもひとつとなり、成仏するのではあるまいか。

その時、人と仏とがひとつとなって南無妙法蓮華経、南無阿弥陀仏と噴き上げる世界も、おのずから知られるのだと思われる。

第8章 堪える人々

地湧の菩薩たち

一　我、身命(しんみょう)を愛せず

二十に及ぶ圧迫、非難、攻撃

法華経の「勧持品(かんじほん)」第十三には、法華経の行者に対して数々の圧迫、非難、攻撃が加えられたことが記されている。その数は詩偈(しげ)にして二十に及んでいる。

(1)ただ願わくは慮(うらおも)いしたもうべからず。仏の滅度ののち、恐怖(くふ)の悪世の中において、我らはまさに広く説くべし。

(2)もろもろの無智の人の、悪口(あっく)・罵詈(めり)等し、及び、刀杖(とうじょう)を加うる者あらんも、我らは皆、まさに忍ぶべし。

(3)悪世(あくせ)の中の比丘(びく)は、邪智にして心に諂曲(てんごく)（こびへつらい）あり、未だ得ざるに、これを得たりとおもい、我慢の心充満せん。

(4)あるいは阿練若(あれんにゃ)（林）に、納衣(のうえ)にて空閑(くうげん)に在りて、自ら真の道を行ずとおもいて、人間を軽賤(きょうせん)する者あらん。

(5)利養に貪著(とんぢゃく)するが故に、白衣(びゃくえ)（在家者）に法を説き、世に恭敬せらるること、六通の羅漢の如くならん。

(6)この人、悪心を懐き、常に世俗の事を念い、
名を阿練若に仮りて、好んで我らの過を出だし、

(7)しかもかくの如き言をなさん、「このもろもろの比丘らは、
利養を貪ぼらんがための故に、外道の論議を説き、

(8)自ら此の経典を作りて、世間の人を誑惑し、
名聞を求めんための故に、分別してこの経を説くなり」と。

(9)常に大衆の中に在りて、我らをそしらんとする故に、
国王・大臣・婆羅門・居士、及び、余の比丘衆に向かい、誹謗して我が悪を説き、

(10)「これ邪見の人なり。外道の論議を説くなり」といわんも、
我ら、仏を敬いたてまつる故、ことごとくこのもろもろの悪を忍ばん。

(11)かれのために軽んじられ、「汝らはみなこれ仏なり」といわれんも、
かくの如き軽慢の言を、みなまさに忍びてこれを受くべし。

(12)濁劫悪世の中には、多くもろもろの恐怖あらん。
悪鬼その身に入って、我を罵詈し、毀辱せんも、

(13)我らは仏を敬信し、まさに忍辱の鎧を著るべし。

この経を説かんための故に、このもろもろの難事を忍ばん。
⒁我、身命を愛せず、ただ無上道を惜しむ。（我不愛身命、但惜無上道）
我ら、来世において、仏にいいつけられしところを護持せん。
⒂世尊、自らまさに取りたもうべし、濁世の悪比丘は、
仏の方便の、宜しきに随って説くところを知らずして、
⒃悪口して顰蹙（まゆをしかめ）し、数々、擯出（追放）せられ、
塔寺より遠離せられん。かくの如き衆悪をも、
⒄仏の告勅（いましめ）を念うが故に、皆まさにこの事を忍ぶべし。
⒅もろもろの聚落・城邑に、それ、法を求むる者あらば、
我、皆、その所に到りて、仏にいいつけられし法を説かん。
⒆我はこれ世尊の使なり。衆に処するに畏るるところなし。
我、まさによく法を説くべし。願わくは仏よ、安穏に住し給え。
⒇我、世尊のみ前と、もろもろの来りたまえる十方の仏とにおいて、
かくの如き誓言を発せり。仏よ、自ら我が心を知ろしめせ。

すさまじい自己肯定

この「勧持品」の二十の詩偈は、迫害される日蓮にとってどれだけ力になったか分らない。殊に第十四偈の「我、身命を愛せず、ただ無上道を惜しむ」の一語の持つ迫力は、衝撃的である。人はたかが一句一偈がと思うかも知れないが、どたん場にある人間にとっては、恐ろしい充電力があるのだ。

宮沢賢治もまたこの一偈に支えられた。「無上道」ということばの持つ重みと光とが、彼の生涯を支えたのだ。

日蓮は、この二十行の詩偈によって、自分が真正の法華経の行者であることを確信した。末法の世に法華経を弘める者は、必ずこうした迫害に会うと法華経はいう。

日蓮は周囲を見まわした。中国の天台大師も、日本の伝教(でんぎょう)大師最澄(さいちょう)も、法華経を弘めはしたが迫害には会わなかった。法華経を弘め、迫害せられ、追放せられ、流罪せられ、斬罪に処せられんとしたのは日蓮ひとりである。よって日蓮こそは、真正の法華経の行者である、釈尊の使であると、日蓮は確信した。

> されば日本国の持経者はいまだ此の経文にはあはせ給はず。唯日蓮一人こそよみはべれ。我不愛身命但惜無上道これなり。されば日蓮は日本第一の法華経の行者なり。

なんともすさまじい自己の肯定の仕方である。迫害など屁とも思ってはいなかったのだ。自分の生き方を法華経が証明してくれている、いや、自分こそが法華経のこの二十行の詩偈を証明しているのだと日蓮は思った。こうでなくては、乱世を生き抜くことはできなかったろう。

ここに、どたん場を生き抜く鍵があると私は思うのだ。

二　地涌の菩薩として生きる

虚空に遍満した菩薩たち

法華経という経典を書いた人たちは、随分長い間下積みの生活をしていたと思われる。下積みというよりは、地下の生活、教団史の底辺にひそんでいるような生活をしていたと思われる。その人たちが、教団史の表面に浮かび上ってくるのを反映したのが、「従地涌出品（じゅうぢゆじゅっぽん）」第十五に説かれる「地涌の菩薩」である。

仏が法華経を説かれた時、他方の国土から来た菩薩たちが立ち上って、「世尊、もし我ら、仏の滅後において此の娑婆世界に在って、勤加精進（ごんかしょうじん）して此の経典を護持し、読誦し、書写し、供養せんことを聴（ゆる）したまわば、まさに此の土において広く説きたてまつるべし」と申し出た。

この申し出は、「止（や）みね、善男子、汝らが此の経を護持せんことを須（もち）いじ」の一言で退けられる。

そしてその理由として、「我が娑婆世界に自ら六万恒河沙の眷族あり、この諸人ら、よく我が滅後において護持し、読誦し、広くこの経を説かん」と言われた。

六万のガンジス河の沙の数ほどの眷族（親族）がいて、仏の滅後にこの法華経を説いてくれるというのである。

その時、この娑婆世界の三千大千世界の国土が皆震動し、裂け、その中から無量百千万億の菩薩が同時に涌出したのである。

この地涌の菩薩たちは、先よりことごとく娑婆世界の下、此の界の虚空の中に在って住していたのだが、釈尊が法華経を説かれる音声を聞いて下から涌出して来たのである。

この地涌の菩薩たちは、虚空にかかっている多宝塔の中にある多宝如来と釈迦如来とを礼拝し、そのあと、虚空に遍満した。

この地涌の菩薩たちの中に四人の導師があり、上行、無辺行、浄行、安立行と名づける。

> その時に四衆、また仏の神力をもっての故に、もろもろの菩薩の、無量百千万億の国土の虚空に偏満せるを見る。（平楽寺版三九七頁）

この「無量百千万億の国土の虚空に」というのは、梵文を見ると「娑婆世界が百千の虚空につつまれ」となっている。

釈尊のそばにいた人たちは右のようなドラマティックな光景を見たわけではない。見えなかったのだ。それを仏の神力によって、見えるようにしてもらったのである。見えるようになって気がついたのだが、この世界は「虚空」(アーカーシャ)につつまれていた。そしてそこに、おびただしい地涌の菩薩たちがいた。

この地涌の菩薩たちは「大地の下の虚空界」に住んでいた。それが、法華経を説く釈尊の説法の声にひかれて地上に涌出し、この娑婆世界をつつむ虚空の中に住在することになる。

この二つの虚空は、たぶん、同質のものである。

心臓の中に虚空がある

その「虚空」とは何であろうか。「虚空」について、仏教以前に面白い考え方を示しているのは、『チャーンドーギャ・ウパニシャッド』である。

実に、かの人の外にある虚空は、このブラフマン(梵)と呼ばれるものである。また実に、かの人の内にある虚空は、すなわち、人の外にある虚空である。また、実に、かの心臓の内にある虚空は、すなわち、人の内にある虚空である。この宇宙的な虚空のひろがっているだけそれだけ、この心臓の内にある虚空もひろがっている。

古代のインド人は、人間の心臓（フリダヤ）の中に虚空があると考えた。心臓の中というと小さな小さな虚空だと思うかも知れないが、どっこいこの小さな虚空、つまり「アートマン」（我）は、人間の外にある虚空と同じだけのひろがりを持っていると考えたのである。

その人間の外にある虚空こそは、「ブラフマン」（梵）である。マクロ的（巨視的）なブラフマンと、ミクロ的（微視的）なアートマンとは同質と考え、この二つは一つという一元論的立場を「梵我一如」と呼ぶのである。

さて法華経はこの考えを「従地涌出品」にとりこんで来たと思われる。「人間」を「大地」に置きかえると、大地の下なる虚空界は、人間の心臓の中の虚空界であり、大地の上なる虚空界は、人間の外なる虚空界つまり、ブラフマンということになる。

大地の下なる虚空界に住んでいた地涌の菩薩たちは、おのれの心の奥底に一大心霊が宿っていると考えた人たちだといってもいいだろう。その心の奥底の「こころ」は、実は、この大地、人間、自然、すべてをつつんでひろがっている大虚空界、一大心霊そのものと同質なのである。人間は、一大心霊によってこの世に生まれしめられた被造物であるにもかかわらず、内奥に一大心霊そのものを宿し、人間であるという限界から涌出して、自分を生かしめているこの世そのものをつつみ、眺めて楽しむことができるような存在なのである。

そういう大きな心の持ちようがなくてどうして法華経を後世に伝えられるか。

「行」そのものとして生きる

ただ法華経が面白いとか、すばらしいとかいっているだけではどうにもならない。自分が法華経そのものになる、宇宙そのものになる、そして人間や、自然や、宇宙や、三界や、その他すべての存在や思想を肯定し、楽しむ、というに至らなくては、とても法華経の伝道者にはなれないのだ。

四人の上首の菩薩、上行、無辺行、浄行、安立行の四菩薩はいずれも「行」を名としている。「行」は「行くもの」である。その原語は「行為」（チャーラ）に由来する「チャーリトラ」である。この語は、「行ぜしめられつつ、行じてゆく働き」のことである。それは仏教の大切な考え方である「サンスカーラ」（行）に深くかかわっている。サンスカーラとは、この世界を動かしている「大いなるこころ」とでもいうべきもの、弁栄聖者のいう「一大観念」「一大心霊」とでもいうべきものである。

この世界の構成要素を古代インド人は「地・水・火・風」の四大としたが、四菩薩をこれに配すれば、上行は「火」の働き、無辺行は「風」の働き、浄行は「水」の働き、安立行は「地」の働きを示しているともいえよう。

四大の働きによって現実のこの世界は生動しているが、それを象徴する四人の菩薩の働きは実は「行」そのもの、「サンスカーラ」「サンカーラ」そのものの働きである。

自分を上行菩薩の生まれかわりと考えた日蓮は火の如く生き、「行」そのものとして生きた。こういう人間をいかなる地上的権力も抹殺することはできない。

平左衛門尉頼綱が日蓮を捕縛し、連行し、私刑に処さんとした時、日蓮は大音声に叫んだ、

「あら面白や、平左衛門尉が物に狂ふを見よ、殿ばら但今日本国の柱を倒す」

これは日蓮のはったりとか、強がりとかいうことはできない。日蓮は全く「行」そのものとして生きていたのだから、「日本の柱」「日本の大船」と自分を呼ぶのは当然のことだったのである。

地涌の菩薩についてはなおさまざまな考え方がなされよう。そのひとつひとつが面白いと思う。ただ、今の私は、地涌の菩薩は、人間という限界を乗り越え、踏み越えて、人間の心の奥底にある巨大なこころそのものとして生きはじめた人間のことだと考えたい。

地の人たる人間が、天の人として生きはじめたことだと考えたいのである。

第9章 永遠のいのち

「良医治子の喩え」図画

一　ことごとく皆、恋慕を懐(おも)いて

死はかりそめの姿

「如来寿量品」は大河の如き章である。この小さな本一冊すべてをついやしてもなお、この章について語りつくすことはできない。

「日暮れて道遠し」ということを今ほど痛切に感ずることはない。現代新書に許される量の過半数を越えた頃に、如来寿量の高峯を仰ぐ私の心境はきわめて複雑である。

そこには「良医の比喩」が説かれる。「智慧聡達(そうだつ)にして明らかに方薬(ほうやく)に練(れん)じ善(よ)く衆病を治(じ)す」其の人に多くの子息がいた。

この名医が事の縁あるを以て遠く余国に行く。その後で諸子は誤って毒薬を飲み、薬(くすり)発し悶乱して地に宛転(えんでん)する。

帰り来った父は妙薬を作り子に与える。諸子の中、心を失なわざる者はこれを服して病悉(ことごと)く除(のぞ)こり癒(い)えた。

しかるに、心を失なえる子はその妙薬をあえて服用しない。「毒気(どっけ)深く入って本心を失なえるが故に」服用しないのである。

父は思った。「此の子愍れむべし、毒に中られて心皆顚倒せり。我今方便を設けて此の薬を服せしむべし」

そこで父は他国に行く。使を遣わして告げしめる、「汝の父、すでに死せり」

顚倒の子らは苦悩して此の念を作す。

もし父在しなば、我等を慈愍して能く救護せられまし。今我を捨てて遠く他国に喪したまいぬ。自ら惟うに、孤露にしてまた恃怙（頼れるもの）無し。常に悲感を懐いて心遂に醒悟し、すなわち此の薬の、色・香・味美きを知って、すなわち取ってこれを服するに、毒の病皆癒ゆ。（平楽寺版、四二六頁）

このあとで仏は、「衆生の為の故に方便力を以てまさに滅度すべし」といわれる。仏がかりそめに死を示すのは、衆生の顚倒した心を元に戻さんがためであると説かれる。

死はかりそめの姿、生命は永遠である。そのことを知らない衆生のために、かりそめに死を示し、悲歎せしめ、恋慕せしめ、渇仰せしめることによって、生命は永遠であることに目覚めさせるのである。

もっとも美しい詩偈

そこには実に美しい韻文が説かれる。私が少年の頃から愛誦した、法華経全篇の中でもっとも美しい詩偈である。

我、仏を得てよりこのかた、経たるところのもろもろの劫数、無量百千万億載阿僧祇なり。常に法を説いて無数億の衆生を教化して仏道に入らしむ。それよりこのかた無量劫なり。衆生を度せんがための故に、方便して涅槃を現ず。しかも実には滅度せず、常に此に住して法を説く。

我常に此に住すれども、もろもろの神通力を以て、顛倒の衆生をして、近しと雖もしかも見えざらしむ。

衆は我が滅度を見て、広く舎利（遺骨）を供養し、ことごとく皆、恋慕を懐いて、渇仰の心を生ず。

衆生すでに信伏し、質直（馬鹿丸出し）にして意柔軟に、一心に仏に見たてまつらんと欲して自ら身命を惜しまず。

時に我及び衆僧、倶に霊鷲山に出づ。

我、時に衆生に語る、常に此に在って滅せず、方便力を以ての故に、滅不滅ありと現ず。

余国に衆生の恭敬し、信楽する者あれば、我また彼の中において、為に無上の法を説く。汝等これを聞かずして、但我、滅度すと謂えり。我、もろもろの衆生を見れば、苦海に没在せり。かるが故に、身を現ぜずして、其をして渇仰を生ぜしむ。

其の心、恋慕するによって、すなわち出でて為に法を説く。神通力かくの如し。阿僧祇劫において、毎に霊鷲山及び余のもろもろの住処に在り（常在霊鷲山）。衆生、劫尽きて大火に焼かるると見る時も、我が此の土は安穏にして、天人常に充満せり（我此土安穏、天人常充満）。

園林もろもろの堂閣、種々の宝を以て荘厳せり。宝樹華果多くして、衆生の遊楽するところなり。諸天、天鼓を撃って、常にもろもろの妓楽をなし、曼陀羅華（マーンダーラバの花）を雨らして、仏及び大衆に散ず。我が浄土は毀れざるに、しかも衆は焼け尽きて、憂怖もろもろの苦悩、かくの如きことごとく充満せりと見る。

このもろもろの罪の衆生は、悪業の因縁をもって、阿僧祇劫を過ぐれども、三宝の名を聞かず。

もろもろのあらゆる功徳を修し、柔和質直なる者は、則ち皆、我が身此に在って法を説くと見る。

ある時は此の衆の為に、仏寿無量なりと説く。

久しくあっていまし仏を見たてまつる者には、為に仏には値いがたしと説く。

我が智力かくの如し。慧光照らすこと無量にして、寿命無数劫なり。久しく業を修して得るところなり。

汝等、智あらん者、此において疑を生ずることなかれ。まさに断じて永く尽きしむべし。

仏語は実にして虚しからず。医の善き方便を以て狂子を治せんが為の故に、実には在れども、而も死すというに、能く虚妄を説くものなきが如く。

我も亦これ世の父、もろもろの苦患を救う者なり。

凡夫の顚倒せるを以て、実には在れどもしかも滅すと言う。

常に我を見るを以ての故に、しかも憍恣の心を生じ、放逸にして五欲に著し、悪道の中に堕ちなん。

我、常に、衆生の道を行じ、道を行ぜざるを知って、度すべき所に随って、為に種々の法を説く。

毎に自ら是の念を作す（毎自作是念）。何を以てか衆生をして無上道に入り、速かに仏身を成就することを得せしめん、と（以何令衆生、得入無上道、速成就仏身）。

いよいよ深く出会う

子供らの中で、父の薬を飲まなかった者がいたのは何故だろうか。何故この子らは父に反抗したのか。何故「譬喩品」の窮子（ぐうじ）はその父を捨てたのか。

それは、父と子の間にはいつも対立相剋があるからだ。男と女、父と子、師と弟子、夫と妻は、互いに濃厚にひかれながらも、烈しく対立し、反撥し、さらに深くひかれてゆく、いよいよ深く出会うという、因果な間柄であるからだ。私はそれを「クロス・エンカウンター」と呼んでいる。

二　クロス・エンカウンター

なぜクロス・エンカウンターか

「クロス・エンカウンター」とは、「出会い」のことである。どうしてそんな英語になったか。

呉の神応院というお寺に毎年恒例の講話に出かけていったら、長らくハワイで開教使をしていたという青年僧がききにきてくれて、講話のあとでいろんなことを話しあった。

彼はハワイで、私の本の中の話をよく外人たちに翻訳してきかせたそうである。私の本の中に「出会い」という語がよく出てくる。

それをどう訳していいか分らない。「ミート」なんて言葉では、軽すぎてどうにもならない。困ったあげくについに、「クロス・エンカウンター」というのはどうだろうということになった。

これだと、外人たちにもぴいんと来たというのである。

ふん、ふん、と私は微笑してきいていたが、私がハワイに講演に行った時にもそんな話が出た。

やはり、クロス・エンカウンターだったのだ。

なるほど、クロス・エンカウンターか。

さて、どうしてこれがアメリカ人にぴいんときたのか。

エンカウンター・ウィズ・ディフィカルティーズ（難儀なことに出っくわす）という風に使う言葉である。

そこにはいつも、「難儀」「困難」「対立」という世界がつきまとっている。

さて、「クロス」だが、これは「交叉」とか「交錯」とかいう意味に使うが、一番大事なことを忘れていた。クロスとは「十字形」であり、「十字架」であるのだ。

アメリカ人がぴいんときたのは、のっけに十字架ときたからだ。十字架、イエス・キリストの死、受難、迫害、殉教といった一連の言葉がすぐに思い出されるのだ。

クロス・エンカウンターとは、十字架に出会い、イエスに出会い、神に出会うことなのだ。

私はうかつにそのことを忘れていた。ただ出会うというのでない。イエスさまに出会うのだ。

そして、そのことによって神さまに出会うのだ。

友だちに会ったりするのを、クロス・エンカウンターとはいわない。それなら、「ミート」で十分だ。「ミート」なんて軽い言葉じゃどうにもならぬものがある。

クロスにはまた、「踏切」なんて意味もある。列車と人間とがここで出会う。そこにはいつも死と災厄の影がある。とんでもないことに出っくわしかねないところだ。

人生は踏み切りが大切だ。十分に踏み切れない者は転落する。出る時に、思いきり踏み切らなくてはならない。

こんな意味がクロス・エンカウンターには含まれている。出会いなんて言葉を簡単に使ってはいけないのだ。

出会いには戦いがある

私たちは、出会いというと、甘美なものをすぐに連想する。甘い結婚をした男と女が、「私と主人とはちょっとした出会いよ」などというが、そんなものがいつまで続くことか。

男と女とは、そんな甘いものじゃない。そこには烈しい戦いがある。男を想う女の心自体の中にさまざまなものがあって戦うのだ。女を想う男の心の中も複雑だ。どんな美しい女に結ばれていても、男というものはさらにまた他の美しい女に心ひかれる。心ひかれ、おぼれようとする心と、そうはさせまいとする心との間に執拗な戦いがある。男はその戦いを、愛する女に見せることはない。

ひっそりと、静かに微笑しているが、その裏には、さまざまな戦いがあるのだ。

いろんな夫婦があり、男と女のかかわりがある。どこまでもやさしいだけの男と、あきらめが習慣になった女とが、静かな仲のいい夫婦として生活している。じっと見つめていると、時として女が、ギラリと閃めくような一面を見せることがあり、やはりそうか、と思う。

男と女とはやさしいだけでは納まらない。犯し、犯されるすさまじい世界がある。そこを通ってこなくては、男にも、女にもなれはしないのだ。

師匠と弟子とが出会いをするという。その出会いとはどんなものか。

暁烏敏とその妻の戦い

真宗の傑僧暁烏敏(あけがらすはや)は、清沢満之(きよさわまんし)の浩々洞(こうこうどう)の逸材である。しかし、この弟子はしょっちゅう師にかみついていた。師もまた、まあまあなどとは死んでもいわぬ。全力をあげて弟子の暁烏敏の説をぶっ潰す。降参するまでやるのである。

次の日、弟子は師のいったことをいう。するとこの師は、昨日自分が言った説を徹底的に否定する。ぶっ潰すのである。昨日自分の言ったことだろうが、誰の言ったことだろうが、ぶっ潰す時には徹底的にぶっ潰すのである。こんな師と弟子がある。

こんな師弟を出会いという。出会いとは、難儀な相手に出っくわすことである。それは踏切だ、越えなくてはどうにもならない。理由はどうであれ、踏切は渡ってしまわなくてはどうにもならぬのだ。

ともかく、この師弟はすさまじいものだった。

暁烏敏は、最初の妻に死別すると、一年も経たぬうちに次の妻総子(ふさこ)を迎えた。この人を憎んでいた中外日報紙の記者が「あれほど先妻の死を病んで泣いた君が、それから日もまだ浅いのにどうして後妻を迎える気になったか」と皮肉に訊ねた時、この人はこう答えた。

「私はまだ色欲が燃えていて女が欲しかったから再婚しました」

表面上の口実ならどんなことでも並べられるのに、この人は真実をありのままに答えた。死んだ妻を回想しておることのできぬほどこの人には生の欲が燃えていた。この人は、女を抱き、女を犯すために再婚したのである。

それは男と女との戦争だった。総子さんは、親類中の反対を押しきって暁烏敏の胸に身を投じた。

そんな思いをしてまで結婚したのに、まもなくこの人は原谷とよという女の人と愛に落ちた。胸を病むとよは、命を賭けてこの師を愛し、二十九歳で燃えつきた。師に抱かれ、無量寿経嘆仏偈を唱え、念仏称名しつつ息絶えた。この時、暁烏敏師は四十八歳だった。

暁烏師が死んだあと、総子さんは師の全集を編んだ。その全集第三部第二巻に、実に二六〇頁にわたって、総子さんは、この二人の恋の手紙を収録した。年月日、宛先の地名に至るまで、遺漏なく記してあるこの全集を読んで私は驚倒した。こんな女の人がいるのかと思ったのである。

暁烏総子さんは、今年八十六歳でなお、金沢郊外北安田の明達寺に余生を送っている。老いてなお、実に美しいひとである。鈴を張ったような眼の、しっとりとした美しい女人である。こうでなくては。

このひとの胸の中には、老いて盲目となった暁烏敏師が生きている。生きているから、このひとは、今でも女なのだ。

彼女にとって暁烏師は、難儀な人であったに違いない。えらい人のところに嫁に来たと思ったこともあるだろう。しかし、彼女は、気も遠くなるような快美と喜悦の中で、女になっていったのだ。だからこそ、今でも女として美しく生きているのである。

父子の絆

私は、私の小さな息子たちのことを思った。この小さな息子どもも、男である。いつかは父である私に対立し、烈しく対立し争うことによって、いよいよ深く父というものを知り、父に出会うに違いない。

真輝は小さく、やさしく、涙もろいが、頑固に自分を主張しつづけることがある。てこでも言うことをきかぬのである。抱えあげられ、二階に連れてゆかれると、小さな心臓が早鐘のように打っている。今にも破れはしないかと案じられるが、途中で止めるわけにはいかない。彼は、私の腕の中で必死に抵抗する。そして最後に力つきて、「もうしない、もうしません、もうしません」と絶叫する。そして私の胸の中にむしゃぶりつき、抱きついてくるのである。そういう真輝をしっかりと抱きしめていると、父と子という、このどうしようもない、のっぴきならない間柄を、骨をかむように思うのである。

この子と私との出会いは、私に、全く別の面から人生とは何であるかを教えてくれた。これは、私と妻との運命的な出会いに勝るとも劣らぬものである。

この出会いは、やがて珠輝との間にも起こるであろう。たびたび起こるであろう。そしてそのたびに、父子の絆は深くなることであろう。

今でも真輝は、一番好きな人は誰だと訊くと、「お父さん」と答える。二番目はお母さんである。どんなことがあっても、この順番は変らない。一番甘えるのは母なのに、一番好きなのは父である。それは、父と子の間に、のっぴきならぬ出会いがあるからである。それを彼は無意識の中に知っているのかも知れぬ。

私の父に対して、私は同じような感情を抱いていた。あんなにぶっ飛ばされたのに私は、むしゃぶりついた父の分厚い胸の感触や匂いを、鮮明に、なつかしく記憶しているのである。

三　自己が、自己を、自己する

自分が自分に出会う

私は、出会いということを人生の第一義だとは思っていない。たしかに出会いというものは大切だが、その出会う相手と自分とが実はひとつだ、ということの方がもっと大切だと思うのである。出会いというものをあまり強調しすぎると、えらいひとに出会いさえすれば人間は変れるものだと思いこむようになるが、そんなものだろうか。

出会いをとげたって、さっぱり変らない、という人間だっているだろう。出会いは絶対ではない。出会いというのは、あくまで、対立する二人の人間のかかわりようである。自分に対立する他者というものがなくては、出会いというものは起きるはずがないのである。出会うということになると、出会う相手がおり、その相手に自分が会うわけで、これはどこまでいっても対立概念である。

だから、どんなに偉いお坊さんに出会って感激したところで、それはやはり、自他対立の世界のひとつにすぎない。たとえ仏さまに出会ったのであっても、やはりそれは、自他対立というものだ。

だから、出会いというものは、さらにその奥に入って行かなくてはならない。

自分が師に出会うということだけでなく、実はそれは、自分が自分に出会うということだと気付いてゆく。

自分が師に出会うということが、自分が自分に出会うことだとすると、師と自分とは同じものだということになる。

仏法において師に出会うことは、師の背後にある仏に出会うことだといわれる。だとすると、自分が自分に出会うということは、自分が仏に出会うことだということになる。出会いということは、そこまで行くのである。

人と花を一体と感じる

禅の公案に「南泉一株花(いっちゅうか)」というのがある。

『碧巌録(へきがんろく)』の第四十則である。

昔、陸亘(りっこう)大夫という人がいた。この人は、南泉和尚に師事し、その印可(さとったという許し)を受けた傑物の政治家である。

ある時、陸亘は肇(じょう)法師の『肇論』を読んだ。肇法師は、法華経を訳した鳩摩羅什の弟子で、ある事に坐して死刑に処された。その時、刑の執行を七日間待ってくれと頼み、その間にこの『肇論』を書いたという。

その中に、

天地と我と同根

万物と我と一体

という有名な一句がある。

陸亘はこの句のことを南泉に言った。「也、甚だ奇怪なり」と言った。常識じゃ考えられない、不思議なことをいう、と言ったのである。

南泉は、そう言う陸亘を呼んで、庭先の一本の花（一株花）を指さしてこう言った。

「時の人、此の一株の花を見ること、夢の如くに相似たり」

世間の人はこの花を見ても、夢を見ているようなぐあいだろうよ、と言った。世間の人は花を見ても、実はちゃんと見てはいないのだ。それはどうしてか、万物と我と一体、というところで花を見ないからだ、というのである。

人が花を見る。しかし、花は人を見ない。それでは人は花を見たことにならない。

人が花を見る。そのとき、花もまた人を見る。このとき、はじめて、人は花を見たといえる。

しかし、そんなことがどうしてできるか。人と花とが、まるで違う存在だとしたら、そんなことは起きない。しかし、人と花とが一体だとしたら、それは可能になる。

人と花とが一体だと真に感じられる者が花を見たら、花もまた人を見る。そのとき、人は、真に花を見ているのである。

富山の写真家源隆史。彼の写真集『山河微笑』に私は解説の文章を書いた。

源さんは、神通川のごく限られた流域の自然を撮っている。ファインダーで草や花をのぞいていると、花や草からのぞかれているような気がすると源さんは言う。彼は、草や花に写真を撮らされているのである。

彼にとって、自然は別箇の天地ではない。草も花も彼と一体なのである。彼がそれを自覚していると、いないとにかかわらず、そうでなくては、あんな写真は撮れない。

とにかく、源さんの写真は、ふしぎな自然との一体感をかもし出す。本人がそんな写真を撮ろうとして撮るのではないから、その一体感はきわめて自然である。

人間は自然にふるまおうとすると、きっと不自然になる。自然にふるまおうとする者は必ず、その相手と自分との違いに気がついているのだから、決して一体ではあり得ない。一体でないものは、決して自然にはならない。

「妙法」ということ

親鸞は晩年に「自然法爾（じねんほうに）の念仏」に入ったといわれるが、人はそういうだけで、実際にそれがどういうものであるかを知らない。「親鸞の、晩年は」という時、すでに、それを言う者との間に歴然たる相違がある。だから、どこまで行っても自然法爾は自分のものにならない。

大体、「親鸞の自然法爾」という言い方がすでにおかしい。自然法爾なら、親鸞も、私も、晩年も、今も、まるでかわりはない。あるものは自然のみであるはず。

阿弥陀如来と自分とが、まるっきりの一体であることが分れば、どんなお念仏でもみんな自然法爾になるはず。

人間と自然とがひとつ、人間と仏さまとがひとつというところを、法華経では「妙法」といっている。

この「妙法」も、元の名は「サッダルマ」であって、これは「聖者の教法」と訳されるはずの言葉である。しかるに鳩摩羅什はこれを「妙法」と訳した。それによって、無限のひろがりができたわけである。

羅什はどういうところからこれを「妙法」と訳したのか分らないが、多分、羅什の時代よりはるか昔にできた『老子』の影響を受けたのではあるまいか。

「妙」という語は、『老子』の冒頭に出てくるのである。

道の道うべきは、常の道に非ず。名の名づくべきは、常の名に非ず。名無きは、天地の始めにして、名有るは、万物の母なり。故に「常に欲無きもの、以て其の妙を観、常に欲有るもの、以て其の徼を観る」。此の両つの者は、同じきより出でたるも而も名を異にす。同じきものは之を玄と謂う。玄の又玄、衆妙の門なり。

インドの聖者バグワン・シュリー・ラジネーシュ師は、この『老子』についてのすばらしい講話を『永遠の大河』と名づけてしており、すでに邦訳が二巻、めるくまーる社から出ている。しかし、どういうわけかバグワン師はこの冒頭の第一章は「道可道、非常道」についてのみ語り、そのあとはかっ飛ばしている。

しかし、私としては、そこをかっ飛ばすことはできない。「常に欲の無い者が妙を観る」という。その「妙」とは、「かくされた本質」のことである。「常に欲有る者が徼を観る」という。「徼」とは「物の末端」のことである。つまり、欲のある者は事物の末端の現象しか見ることができないのである。

しかし、いずれにしても、本質も現象も、同じ「玄」というものから出ている。「玄」とは眼に見えない神秘なもののことである。そこから「妙」が出てくる。

しかるに法華経は、その「玄」のところを「妙」というのである。その「妙」から明るいものも、暗いものも出てくるが、ひとしくそれは「妙」なのである。それを、「諸法実相」という。

作家の水上勉さんは、福知山でいっしょに講演して以来の「知己（ちき）」である。あのひとは、たしかに明るくない。性格的には「陰」である。私が底抜けの「陽」であるのに対して、あのひとは徹底して「陰」である。それでも、あのひとのまわりには、なんともいえないあたたかみがある。

四　常懐悲感・常在霊鷲山

「陰」にしてあたたかい人

宇部であったか、徳山であったか、水上さんの出世作になった『雁の寺』の末尾の、小僧の慈念がお師匠さんの慈海を竹小刀で刺し殺した場面の裏話を水上さんから聞いたことがある。『雁の寺』はある雑誌の推理小説特集号にのせたものである。どの小説も主人公を殺すことになっていたので、水上さんも当然、慈海を殺さなくてはならない。ところがこの小説は水上さんが京都の禅寺に小僧に入った時のことが下敷になっている。慈海は水上さんの師匠でもある。その人を殺すのはいかになんでも書きにくかったであろう。

水上さんは書けなかった。そして締切日になる。女性編集者が水上さんの係であった。彼女は「先生、早う殺して下さい。そうでないとわたしがクビになります」と言った。

こうして水上さんはお茶の水の山の上ホテルにカン詰になる。いくらカン詰にされたって書けないものは書けない。水上さんは逃げ出してやろうと、足音を忍ばせて階段を下りる。雨の降っている日で、入口の、どうしても通らなくてはならぬ場所に彼女は腰を下し、疲れ切った表情でうなだれている。それを見ると、どうにも書けないとはいえなくなった。

部屋へ戻った水上さんは、原稿用紙をひろげ、昔、小僧の頃に教わった『大悲呪』というお経、もう字は忘れているので、仮名で「なむからたんのう　とらやーやー」と書いてゆき、それを唱えながら、慈海を殺す場面を書いたのである。ただ「陰」であるかのように見える水上さんの心情はこんなに、繊細であたたかいのである。

『越前竹人形』という小説も、最後に女は肺病で死に、男も三年後に首をくくって死んでしまうという暗い結末の、陰気な小説である。

この小説の中で、玉枝が、自分を手ごめにした男の子をはらみ、その赤ん坊の処置に窮して、ついに宇治川を渡す渡し舟の中で産み落とすくだりがある。おおよその事情を察した船頭は、ひそかにその赤ん坊を川へ流し、玉枝を助けてくれる。

子供を生み落とし、失神した玉枝が意識をとり戻すと、老船頭は玉枝の顔をのぞきこむようにしていう。

「気ィついたか。よかった、よかった」

「赤子(やや)がおりたんや。赤子はな、もうおまはんの軀にはいやへんでェ。ほれ、みんかいな、きれいな流れや。おまはんの坐ってたとこはここや」

「赤子はな、川へ流してしもたんや。誰がわるいというんやないわいな。赤子はこの世に縁がなかったんや。おまはん、これから中書島へ帰(い)ぬのんやろ」

「ほんなら、尚(なお)のこっちゃ。……赤子(やや)をあんたにひと目みせよかと思たけど、見つけられたらえらいこっちゃさかいな、わいの裁量ですぐに川へ流してしもたんや。誰もしらへん。誰もみてえへん。宇治の水はずいぶんと早い、おまはんの赤子を遠い海へ流してくれよった」

水上さんは、玉枝のおなかの子をどこで始末しようかと、京都の町を歩き廻ったそうである。宇治川のほとりまで来たとき、渡し舟と、老いた船頭を見て、そうだ、この渡し舟の中で産ませ、川へ葬ろうと考えついたのだそうである。水上さんは、不義の子を宿した玉枝の悲哀と苦悩を自分のものとして京都の町を歩き廻り、老船頭に救われるのである。

水上さんは、こんな心情のひとである。たしかに「陰」のひとであり、明るいとはいえないが、心の底にあたたかい情を持った人である。

「常在悲感」

法華経の「寿量品」に「常懐悲感　心遂醒悟」（じょうえひかん　しんすいしょうご）の名句がある。深いかなしみを胸の奥深く秘めていると、そのかなしみに心が洗われて、ついに悟りにいたる、という意味である。

もうひとつ「寿量品」には、「常在霊鷲山」（じょうざいりょうじゅせん）の名句がある。仏さまは王舎城の霊鷲山で法華経を説かれたが、今もなお説いておられる。常に霊鷲山にあって説いておられる、という意味である。

そこで私は、常懐悲感は、「常在悲感」でなくてはならないなと思ったのである。

常懐悲感というとき、私と悲感とは別ものであり、私が、悲感をいだく、という二つのものになる。常在悲感というとき、私は悲感の中にある。悲感と私とはひとつなのである。

水上さんというひとを見ていると、「常在陰」という思いがする。あのひとは徹底して陰なのである。頭の髪の毛の一本一本から足の爪先にいたるまで、これすべて陰なのである。これほどみごとに常在陰を実現している人は珍らしい。こうなると、「陰」は単なる陰でなく、絶対そのものだということができる。

ここまで行くと、常在陰も、常在陽も、常在浄土も、常在穢土も、常在歓喜も、常在霊鷲山も、みんなおなじということになる。

三年前、宝仙短大の生活芸術科を卒業した主婦学生のA子が大手術で内臓をほとんど取ってしまった。A子はとうに四十を過ぎ、大きな息子までいるのに、もう一度芸術の基本から学び直したくて宝仙に入ったのである。A子ははじめ思い上りが強く、自己中心主義で、若い学生にきらわれ、若い教師からは敬遠された。しかし、少しずつ変ってゆき、私が顧問をしているクラブ「草の花」に入ってからは随分変った。草の花の旅行で、京都を四日も一緒に旅したりした。そして無事卒業したのに、半年たって、内臓のほとんどを悪性の腫瘍のために切除されてしまったのである。急に身近になった死を前にして、A子は、どんな心境でいることだろうか。

私はそういう人たちのために『愛は死を超える』という本を書いた。あの本の中にとりあげた人たちのように、A子は行動できるだろうか。

いや、自分自身の問題として死が私に迫ってくることがあったら、私自身はどうであろうか。

人間は、「常在病」「常在死」の心構えが大切である。どたん場になって、未練だったり、ぶざまだったりしたくはない。いつまでも、どんな状態に陥っても、絵のようでありたい。

人間は、自分で自分にきめた生きざまというものがある。それを破りたくはない。いつ死んでもいいように、いつでも絵に描いたようにすっきりと生き、そして死にたいものである。

第10章

すさまじき楽天主義者

常不軽菩薩の礼拝行

一　我、深く汝らを敬う

比丘にして菩薩

法華経の第二十章は「常不軽菩薩品（じょうふきょうぼさつほん）」である。風変りな章である。大ぜいの人を礼拝してあるいたある比丘（びく）菩薩のことが説かれている。

まず第一、「比丘菩薩」というのが面白い。比丘であって、しかも菩薩なのだ。

「比丘」は「ビックー」の音訳で、専門の修行をしている僧のことだ。

「菩薩」は「ボーディ・サットヴァ」の音訳で、これは僧ではない。在家の人で、釈尊の骨を埋めた仏塔を礼拝することで、釈尊への渇仰の心を医（いや）していた人たちの共通の称号である。

インドでは、昔は、僧は、仏塔を礼拝したり、供養したりすることはあまりやらなかったようだ。というのは、釈尊が死の直前に、比丘たちに対して、釈尊の墓のことに心を煩わすことなく、修行に専念せよと遺言されたからである。

だから、最初に釈尊の墓を造ったのは王族だった。のちに、その墓の釈尊の遺骨を細分して沢山の仏塔がインド全土に造られるようになったが、それをやったのも在家の人たちだった。

つまり、釈尊の墓を守っていたのは在家の人たちだったのだ。この人たちの数がふえ、同志として結びつくようになってから彼らは自分たちのことを「さとり求める者」(ボーディ・サットヴァ)と称するようになった。この「ボーディ・サットヴァ」を音訳して「菩薩」というのである。

　この「菩薩団」は仏塔を崇め、供養する仲間のことだった。やがてこの菩薩団の中の天才的な人たちが新しい経典を作りはじめた。私はこの人たちを特に「経典結集菩薩団」と呼んでいるのだが、この人たちによって、般若経や、法華経や、大無量寿経や、大日経などが作り出されたのである。

「常に軽んぜざる者」

　そういう仕事をした人たちの中に、比丘の教団から出て、菩薩の仲間になった人たちが沢山いたと思われる。そういう人たちは、比丘の頃の生活はちゃんとつづけていながら菩薩として行動したので、「比丘菩薩」と呼ばれたのであろう。常不軽菩薩はその一人である。

> 最初の威音王如来すでに滅度して後、像法の中において、増上慢の比丘大勢力あり。その時に一人の菩薩比丘あり、常不軽と名づく。得大勢よ、何の因縁をもって常不軽と名づくるや。此の比丘は、およそ見るところあらば、もしは比丘・比丘尼・優婆塞・優婆夷を皆悉く礼拝し、讃歎してこの言をなせばなり。

「我、深く汝を敬う。あえて軽慢せず。ゆえはいかん、汝らは皆、菩薩の道を行じて、まさに仏と作ることを得べければなり」と。

しかも此の比丘、専ら経典を読誦せずして、ただ礼拝を行ず。乃至、遠く四衆を見ても、またことさらに礼拝し、讃歎してこの言をなせり「我、あえて汝らを軽んぜず。汝らはまさに仏となるべきが故なり」と。（平楽寺版四八八頁）

この比丘菩薩は、常に「我、あえて汝らを軽んぜず」と呼びかけたので、「常に軽んぜざる者」（常不軽）というニックネームをつけられたのである。

昔の比丘教団は「サンガ」（僧伽）と呼ばれた。僧伽は、四衆、つまり、比丘（男の僧）、比丘尼（女の僧）、優婆塞（ウパーサカ・男の在家信者）、優婆夷（ウパーシカ・女の在家信者）という四種類の人たちで構成されていた。菩薩はその中に入れてもらえなかったのだろう。

この比丘たちの中で、増上慢の比丘が大勢力を持っていたという。

いやな奴を礼拝讃歎できるか

比丘たちは今でも、タイや、ビルマ（現ミャンマー）や、セイロン（現スリランカ）や、カンボジヤでは信者たちから非常に敬われている。タイでは、女性たちは比丘の姿を見かけるとなるべく近づかないようにする。女の体がほんの少し触れても、失礼にあたるから近づかないのである。それほど敬われている。

それは習慣としてそうなのである。個々の比丘を敬ってそうするのではない。「比丘というものは」と総称して、そうするのである。個々の比丘が偉いからそうするのではない。日本でも田舎では、公けの席ではお寺さんを上席に坐らせるではないか。その人が立派な人物だからではない。「お寺さん」だからそうするにすぎない。お寺さんをやめれば、絶対に上席に坐らせはしないのだ。

そこのところが分らない人間が大ぜいいる。そういう連中が増上慢になる。思い上るのだ。謙虚な心を忘れてしまうのだ。平気で、さっさと上席に坐ったりするのだ。まだ二十代や三十代の若僧が、大きな顔をして上席にふんぞり返っているのを見ると、胸が悪くなる。僧でなかったら、誰も、鼻もひっかけないはずの人間なのだ。しかも、僧としてきちんと生活しているかというと、そうではないのだ。妻をめとり、子を生ませ、車をのり廻し、ぜいたくな生活をし、大して税金を払わず、広大な土地と建物を私有物と考え、いささかも恥じないのだ。

そんな若僧とは、同席するのさえいやだと思うのだが、常不軽菩薩はそうでない。そういう相手に対して礼拝讃歎して、

「我、深く汝らを敬う。あえて軽慢せず。ゆえはいかん、汝らは皆、菩薩の道を行じて、まさ

に仏と作ることを得べければなり」

と言うのである。とても叶わないと思う。

自分の知っている、一番いやな奴だと思う僧の顔を思い出して見るがいい。そんな男の前へ行って、礼拝讃歎できるものかどうか。

「坊主憎けりゃ、袈裟まで憎い」という諺があるが、昔から嫌われ者の坊主は大ぜいいたのだろう。そういう坊主はすべて増上慢だったのだろう。

大きな寺の後継ぎの若僧や、大寺院の古手の納所僧には、箸にも棒にもかからない増上慢がいる。若僧の方はまだひねくれていないからいいが、一寺の住職になる見込みもない古手の納所僧ときたら、まったくどうにもならないほどひねくれた無頼の男がいる。

そういう男のイメージをありありと思い浮かべてみることだ。そして、そういう男を礼拝讃歎できるものかどうか考えてみるがいい。死んでもいやだろう。

そんな奴を礼拝讃歎できたのが常不軽菩薩なのだ。きれいごとでできることではない。よほど腹をくくらなくてはできるはずがないのだ。

二　ぶち殺したい男はいないか

おばあさんの声に思いとどまる

男が修羅場を歩いてくると、一生の間に必ず一人や二人、ぶち殺したくなるような男に出会うものだ。

私は戦時中にある兵団の工兵将校だったが、終戦後に兵団司令部勤務となり、作戦参謀と一緒に中国軍との終戦業務を処理していた。この少佐参謀が実にひどい男であった。実にどうしようもないのだ。ぶち殺したいと思った男の一人はこの参謀である。

ある日、その参謀は、兵団長の発令した命令を勝手に改変したのだ。そのために私の属していた連隊の将兵はどうにもならない窮地に追いつめられてしまった。

この時私はとうとう、勘忍袋の緒を切ってしまった。叩き斬ってやろうと思ったのだ。決心するが早いか、私は日本刀を腰のベルトに閂差(かんぬきざ)しにして隊を走り出した。先任下士官が仰天して追いすがり、「隊長殿、どこへ行かれますか?」と大声で怒鳴った。「参謀を叩き斬る、お前は来るな」と走りながら私は叫んだ。

走って行く私の眼の前の中国人が皆道をあける。日本軍の若い将校が日本刀を腰に差して血相変えて走って来るのだ。これは誰だって逃げ出したくなるだろう。一人だけ逃げ出さない人がいた。在留日本人のおばあさんだった。彼女は私とすれ違う時、私の顔を見上げて小さく叫んだ。

「どこのお方か知らんが、おそろしいことや」

この声を聞いたとたん、私は電気に打たれたようになった。母の声を聞いたような気がした、いや、仏さまの声を聞いたような気がしたのだ。

私は動けなくなった。私は、人殺しをしに行こうとしていたのだ。そんなことが赦されると思うのかと、もう一人の私が叫んでいた。立ち止まったらもうおしまいだ。斬りに行くことはもうできない。

閂差しに差していた日本刀を鞘ごと抜いて、腰のベルトの刀環に吊るし直し、今走り抜けて来た道を、しおしおと帰っていった。

あとで聞けば、先任下士官はすぐに司令部の下士官に電話して、参謀をどこかへ移してくれと頼んだそうだ。参謀は逃げ、私が乗りこんでいっても斬ることなどできなかったのだ。しかし、改変された命令はすぐに元に戻され、私の連隊の危急は救われた。目的は達したのだ。

私も若かった。まだ血気盛んの二十二歳だった。だからこそ、あの卑劣な男をぶち殺しに行ったのだ。

常不軽を気取るなかれ

常不軽は、そんな男にでも礼拝讃歎するのだ。そんなことがあなたにできるか。

生まれてこのかた、人と殴り合いしたことも、人を憎んだことも、人をぶち殺したいと思ったこともないような男が、「常不軽菩薩の生き方って、大したものですねえ！　人はすべからくそうでなくちゃいけません」などとほざくのを聞くと、今なお体の奥底に血の気を蔵している私などは「何を言いやがる」と言いたくなる。人と争う勇気もない腑抜け男が、おべんちゃらばっかり言って世の中を泳ぎ抜けて来たくせに何が常不軽だ、と思ってしまうのだ。

お経を読むのはいいが、気易く常不軽菩薩や常啼（じょうたい）菩薩を気取ってほしくないものだ。

三　すさまじき男

「われと汝」

常不軽は増上慢の人たちに呼びかけ、礼拝し、讃歎した。彼らは憤り、石を投げたりした。

或は杖木（じょうもく）・瓦石（がしゃく）をもってこれを打擲（ちょうちゃく）すれば、避け走り、遠く住して、なお高声に唱えて言わく、我、あえて汝らを軽んぜず、汝ら皆まさに作仏すべしと。（平楽寺版四九〇頁）

こういう文章を読むと私は、ユダヤ教の神学者マルチン・ブーバーの書いた『われと汝』（イヒ・ウント・ドゥー）を思い出さずにはいられない。

ブーバーは言う。人間の関係は二つしかない。一つは「われと汝」、もう一つは「われとそれ」だと。はじめは「汝」だったものが、やがては「それ」になってしまう。「それ」とは「もの」のことだ。最高の芸術でも、最愛の愛人でも、時がたつとみんな、「それ」になってしまう。ところが、絶対に「それ」になってしまわない「汝」がある。それは「永遠の汝」と呼ばれるものであり、それは「神」である。

愛が深くなると、その人を「お前」と呼びたくなる。相手も、私から「お前!」と呼ばれることを喜ぶようになる。

「お前」というと、ぞんざいなようだが、実は、この長いようで短い人生の途上で、こんなすてきなひとを私のもとへ送って下さった仏さまへの深い感謝の思いがこめられているのである。その思いはすぐに相手に伝わるのだ。そしてここに、「われと汝」という、のっぴきならぬかかわりが始まるのである。

しかし、ブーバーは言っている。

われわれは、愛がひととひととを結びつける唯一の関係であるかのように語る。しかし、正しくいうと、それは関係の仕方のわずか一つにすぎない。なぜなら、ひととひととの間には憎悪も存在するからである。

「すさまじい楽天主義」

そうだ、常不軽の呼びかけに対して、返って来たのは敵意や憎悪だった。

それが常不軽をとりまく人間関係だった。常不軽はどんなに憎まれても、罵られても、打たれても、人間の本来の清浄な命を讃歎せずにはいられなかった。それを相手に教えずにはいられなかった。

考えてみると、まっしぐらにこちらを憎んだり、罵ったり、打とうとしたりする者は、人を愛したことも憎んだこともないぬるま湯のような人間にくらべたら、はるかに「われと汝」という関係に近いのだ。

日蓮は、ある時期自分を常不軽菩薩になぞらえているが、「憎悪の中におけるわれと汝」のありようは、常不軽そっくりである。

そういえば、イエスのありようも「憎悪の中におけるわれと汝」のありようだった。

今の日本人は、憎しみには憎しみを返すという型の人間が多いが、常不軽は憎しみに対して、愛を、尊敬を、信ずることを返した。

それは、「すさまじい楽天主義」だと思う。楽天主義というと人はすぐ、いいかげんとか、気楽さとか、人のよさとか、うすのろとか連想するらしいが、楽天主義とは、すさまじきものである。

殺されたって、人を信じ通すという人生観を変えないのだ。人間はすばらしい。自然はすばらしい。生まれてくるってことはすばらしい。死ぬってこともすばらしい。病気になるってのもすばらしい、という風に、徹底的に信じ通すのだ。肯定、肯定、絶対肯定してゆくのだ。

常不軽菩薩は、すさまじき楽天主義者である。私はこの頃、男というものはどこかですさまじい生き方がなくてはならぬと思いはじめている。すさまじいというと、面(おもて)も向けられないような修羅の形相を連想するのだが、そんなのでない、いつも微笑(ほほえ)みを浮かべ、一見気楽そうな顔をしたすさまじさのことである。欺(だま)されていると知っていても、最後まで欺されてやる男のすさまじさである。悪い奴も大ぜいいるのだと知っていても、やはり人間はすばらしいと信じ通すすさまじさである。

子供と遊んだ良寛なんかに見るすさまじさである。いくら流罪になっても、死ぬとも思わず、法華経を信じ通した日蓮のすさまじさである。常不軽菩薩も、すさまじき男の一人であった。

終わりに——風の吹き過ぎるごとく生きる

「神力品」を唱えながら

『正法眼蔵』というすばらしい宗教的遺産を残した道元禅師が、世を去ろうとする少し前に、法華経「神力品（じんりきほん）」の一節を低声に唱えながら、部屋の中を経行（きんひん）（歩きまわること）されたことを知る者は少ない。

道元は建長五年（一二五三）八月五日、永平寺を去って京都に向かい、高辻西洞院にあった俗弟子覚念の邸に入って病臥した。そして八月二十八日夜半に五十四歳でこの世を去ったのだが、その少し前に「神力品」を唱えつつ経行したのであった。

永平寺十四世建撕（けんぜい）和尚の書いた『建撕記』に次のようにいう、

> 或日一日、室内ヲ経行シ。低声ニ誦シテ言ク。若於園中。若於林中。若於樹下。若於僧房。若白衣舎。若在殿堂。若山谷曠野。是中皆応起塔供養所以者何。当知是処。即是道場諸仏於此得阿耨多羅三藐三菩提。諸仏於此。転於法輪。諸仏於此。而般涅槃ト。誦シ了テ後。此文

ヲ頓テ。面前ノ柱ニ。書付タマフ。亦妙法蓮華経庵ト。書ト、メ。タマフナリ。コノ法華経ノ文ヲ。アソバシタル心ハ。今俗家ニテ。入滅アルホドニ。昔ノ諸法モ如是ト。ノ玉フナリ。

道元は「神力品」を唱えて経行し終ると、「神力品」の文を面前の柱に書き、さらに、妙法蓮華経庵と書きとどめたのであった。道元の生涯を通じて道元を支えつづけた法華経に対する道元の深い謝念であったような気がする。

諸仏有縁の地

道元の唱えた一節は次の通りである。

所在の国土に、もしは受持・読誦・解説・書写し、説の如く修行するものあらん。もしは経巻所住の処、もしは園中においても、もしは林中においても、もしは樹下においても、もしは白衣の舎にいても、もしは殿堂にあっても、もしは山谷曠野にても、この中に皆塔を起てて供養すべし。所以はいかん、まさに知るべし、是の処はすなわちこれ道場なり。諸仏ここにおいて阿耨多羅三藐三菩提を得、諸仏ここにおいて法輪を転じ、諸仏ここにおいて般涅槃したもう。（平楽寺版五〇二頁）

もしは経巻のあるところ、もしは園の中でも、もしは林の中でも、もしは在家の者の家においても、もしは山の中、谷の中、荒野の中においても、塔を建てて供養せよという。それはどうしてか。どんなところでもそこは、諸仏が無上正等覚（しょうとうかく）つまりさとりをひらかれたところだからである。諸仏が法を説かれたところだからである。諸仏が永遠の眠りにつかれたところだからである。

道元はふる里の地京都に帰って、俗弟子の家、すなわち、白衣の舎において死ぬのである。感慨は一段と深いものがあったろう。

私は昭和五十二年の一月にこの多摩川のすぐほとり狛江の里に移り住んだ。九月には大水害であたりの家はすべて押し流されたが、私の家だけはそっくりそのまま残った。翌々朝には、高い断崖の端に私の白い家だけが残り、眼下を濁流が渦巻き流れていた。その時私は、ここここそ諸仏有縁の地に相違ないと思った。このあたりは、古い昔、朝鮮の地から移り住んだ人たちの住居したところである。そんな歴史的な地に、天災人災に堪えてがっしりと立っている白い家を見るたびに、「神力品」のこの一節を思い、臨終近い道元の心事を思うのである。

法華経の体現

さて経典は、「この中に皆まさに塔を起てて供養すべし」という。

これもまた、死を目前にした宮沢賢治は次のように歌った。

手は熱く足はなゆれど
われはこれ塔建つるもの

滑り来し時間の軸の
をちこちに美(は)ゆくも成りて
燎々と暗(やみ)をてらせる
その塔のすがた　かしこし

むさぼりて厭(あ)かぬ渠(かれ)ゆゑ
いざここに一基をなさん

正しくて愛(は)しきひとゆゑ
いざさらに一を加へん

賢治は死の床で自分の一生を振り返って見ている。稗貫農学校での授業、国柱会での生活、童話と詩、肥料設計、そのひとつひとつを賢治はまことをつくしてやって来た。そのひとつひとつが法華経の讃歌であり、体現であった。

日蓮は『阿仏房御書』の中でこう言った、

「貴賤上下をえらばず、南無妙法蓮華経ととなうるものは、我が身宝塔にして、我身また多宝如来なり」

と。

自分の生き方が法華経そのものだと、誰に対してでもいえるような生き方をしたいものである。

「神力品」はまたこう言っている、

よくこの経を持たん者は、諸法の義、名字及び言辞において、楽説して窮尽なきこと、風の空中において一切障礙なきが如くならん。如来の滅後において、仏の所説の経の因縁及び次第を知って、義に随って実の如く説かば、日月の光明の、よくもろもろの幽瞑を除くがごとく、この人、世間に行じて、よく衆生の闇を滅し、無量の菩薩をして、畢竟して一乗に住せしめん。

この故に智あらん者、この功徳の利を聞いて、我が滅度の後において、この経を受持すべ

し。この人、世間に行じて、決定(けつじょう)して疑いあることなけん。（平楽寺版五〇五頁）

法華経を受持する者は、風の如く空中を吹きわたって何事にもさまたげられない。太陽や月の光が、暗いところを照らし出して明るくするように、衆生の闇を滅して、人々を一元の世界、ゆったりとした絶対肯定の世界に連れてゆくのだという。

風のごとくさわやかに、さわりなく、満月のごとく明るく肯定的に生きなくてはならない。

なんといっても、陰では話にならないのだ。どこまでも明るく、どこまでも肯定的に、どこまでもすっきりと生きて行きたいものである。それが法華経を信ずる者の生き方なのであるから。

追補

法華経は現代にどのように生きるか

1 存在の実相

法華経が現代人の心に突き刺さってくる第一は、存在の実相を明そうとするそのあり方にある。方便品の一節にこう言う――

『ただ如来だけが如来の教えを教えることができる。如来は存在がどんなものであるかよく知っている。ただ如来のみがすべての存在を教え、ただ如来のみがすべての存在を知っている。存在とは何であるか。存在とはどのようなものであるか。存在とはどんなものに似ているか。存在にはどんな特徴があるか。存在とはどんな本質のものなのか。如来だけがそれを知っている。存在は、如来の眼にだけははっきり現実として見えているのだ。』（梵文より）

現代人がただ何となく、存在について、人生について、何でも知っているような錯覚に陥っているのを法華経は痛烈に叩く。存在について明確に語り得る者は如来だけであるいう。それを鳩摩羅什(くまらじゅう)の漢訳では簡潔に「唯仏与仏、乃能究尽(ゆいぶつよぶつ、ないのうくうじん)」という。ただ仏と仏とのみの究めつくすところ、というのである。

如来とは何であるか。方便品ではこう言っている——

『如来たちには、とらわれや障碍などはない。知識見解や能力に自信を持っている。ふつうの人とは違った感覚を持っている。精神はちゃんと統一されていて、いつでも身心を平安の状態にできる不思議な特質をそなえている』

『如来はこれまでに無量の仏に近づいて、その人たちのやった通りに実行し、理解しがたい教えもちゃんと理解して来ている』

『如来たちの使う深い微妙な意味を持ったことばは、ふつうの者にはちょっと理解できない。それは何故かというと、如来たちは、あれやこれやに心を奪われて迷っている者たちに人生のありかたを明してやって迷いから救い出そうとして、いろんな巧みな手段や、知識見解や、基礎的理念の説明や、ヒントの与え方などで語りかけているからである。』

「あれやこれやに心を奪われて迷っている者」とは現代人そのもののことである。これに対する如来は、「精神が統一され」ており、「いつでも身心を平安の状態にできる不思議な特質をそなえており」、「深い微妙な意味を持ったことばを語る」者として現われる。

如来は「ふつうの人とは違った感覚を持っている」し、「知識見解や能力に自信を持っている」のであるから、なにものにもとらわれずに自由に語る。精神統一ができ、いつでも身心が平安な状態におかれるから、ほとんど無意識に語り出す。それは意識が語るのではなく、無意識の世界に積み重なっていたものが溢れ出すような形で語られるのである。しかも、その無意識の世界に積み重なっているものは「これまでに無量の仏たちに近づいて、その人たちのやった通りに実行し、理解しがたい教えもちゃんと理解して来た」ことの結果である。

それはアーラヤ識（阿頼耶識）のことであり、人間の深層意識のことである。これは人間の意識の根底である。これを意識でとらえることはできないが、このアーラヤ識が展開して一切の心や体の働きが起こるのである。この識から直接現われて来ることばを、如来は舌語りに語る。そのことばは人間の実存についてもっとも大切なことを語っている。そういうことばこそ、真にことばと呼ばるべきものである。

スイスの哲学者マックス・ピカートは、その著『沈黙の世界』の中で、

『言葉は沈黙から、沈黙の充溢から生じた』
『一人の人間のなかにもまた、沈黙は、到底その一生のあいだに費い果すことが出来ないほど多量に蔵されている。……一人の人間の内部にある沈黙は、その人間の生涯を超える。そして、この沈黙のなかで、人間は過去及び未来の世代につながっているのである。』（佐野利勝氏訳）

と言っているが、如来の内部にピカートが言うような意味の「沈黙」があることはたしかである。ピカートはまた、現代人のあいだに真にことばといわれるべきものがないことに言及してこう言っている――

『今日では言葉は沈黙のこの二つの世界から遙かに遠ざかってしまっている。言葉はただ騒音のなかで消え失せて行くだけである。』

こういう騒音語の中で自己を喪失してしまっている現代人にとって、大切なのは、ことばを取り戻すことである。そのためには、真にことばと呼ばれるに値することばを語る如来に傾聴しなければならない。如来は言う――

『舎利弗よ、わたしを信ぜよ。わたしは真実を語る者である。ありのままに語る者である。あやまりなく語る者である。』

このことばの意味するところは深い。このことばは『金剛般若経』の一節に由来している。それはこうである――

『如来は真実を語る者であり、真理を語る者であり、ありのままに語る者であり、あやまりなく語る者であるからだ、如来はいつわりを語る者ではないのだ。

さらにまた、スブーティ（須菩提）よ、実に如来が現にさとられ、示され、思いめぐらされた法の中には、真理（satya）もなければ、虚妄（mṛṣā）もない。スブーティよ、これをたとえていうと、たとい眼があっても闇の中に入った人がなにものも見ないようなものだ。ものごとの中に堕ちこんだ菩薩もそのように見なすべきである。かれはものごとの中に堕ちこんで施しを与えるのだ。

スブーティよ、また、これをたとえていうと、眼を持った人は、夜が明けて太陽が昇ったときに、いろいろな彩りを見ることができるようなものだ。ものごとの中に堕ちこまない菩

薩もそのように見なさるべきである。かれらはものごとの中に堕ちこまないで施しを与えるのだ。』（岩波文庫本・拙訳）

この金剛般若経の主張によると、如来は真実を語るというが、その真実は、「真理もなければ虚妄もない」という立場に立った上での真実なのである。真理と虚妄とが対立しているところばかりを見ていたのでは、真実が何であるかを知ることはできない。

ふつう何の気もなしにわれわれは混同して使っているが、「真理」と「真実」とは異なったものである。真理は虚妄に対立する。「わたしの言うことが真理で、おまえの言うことはまちがっている、虚妄である」ということばかり言い張っていたのでは、いつまで経っても真実はつかめない。如来は、真理と虚妄とが対立しているままで、しかも同時に一つであるような世界を語るのである。

現代人にはそういう見方はできない。真理はあくまで真理であり、虚妄はあくまで虚妄であると見て、そのことに固執する。自分が正しくて相手は必ずまちがっていると見る。そういう見方しかできなくなっているのである。そういう現代人のことを、金剛般若経は「ものごとの中に堕ちこんだ者」（vastu-patito）と呼んでいる。

「ものごと」（vastu）の意味に五つあるということが『倶舎論』に説かれているが、その第二にいう「アーランバナ・ヴァストゥ」(ālambana vastu)がこれにあたると思われる。金剛般若経のテクストを刊行したE・コンズは、このアーランバナ・ヴァストゥを「意識の対象」(object of consciousness)と訳している。また、ヴァストゥは一般には「場」の意味に解される。すなわち、「ものごとの中に堕ちこんでいる」とは、意識の対象にとらわれ、場にとらわれて身動きできなくなった状態を指しているのである。そういう状態に堕ちこむと、存在全体を見渡すことができなくなる。ある特定の立場にとどまって、ある特定の対象にとらわれながら存在を見ることしかできなくなる。それは真実とは言えないのである。

これに対して如来は、対立概念を超えて、ありのまま、見たままに語るのである。虚妄でない真理を語るのではない。もとより、真理は虚妄ではなく、虚妄は真理ではあり得ないが、如来は、虚妄に対する真理が、対立しているままで実は同時に一つであるような世界を語るのである。それが「如」であり、真実である。現代人にとってもっとも欠けているものは、かかる真実を語るということである。それが社会に必要以上の対立抗争を生み出し、世界に戦争の危機を絶えず招いているのである。法華経が主張する如来のあり方は、現代人に重大な示唆を与えていると思われる。

また、法華経はこの方便品において「開三顕一」の立場を示しているといわれる。それはこうである――

『もろもろの如来は、方便として、三つの立場を顕わしつつそれによって、かの唯一なる仏の立場というものを顕わすのだ。』

この三つの立場とは、声聞乗(しょうもんじょう)・縁覚乗(えんがくじょう)・菩薩乗の三つである。声聞とは直接釈尊の口から教えを聞いた直弟子のことであり、ひいては専門の僧侶を指すことばとなった。しかし、現代的に考えれば、かれらは釈尊を信じ、釈尊について行くことによって一つの人生観をつかんだのであるから、一人の人間を信じ切り、その人のことばに絶対服従することによって人生の真実に開眼した者は皆、「声聞」だといってよい。法然(ほうねん)上人にうちこむことによって念仏の世界に開眼した親鸞(しんらん)上人など、声聞の典型であるといってよい。「縁覚」はまた「独覚(どっかく)」ともいう。誰にもたよらず、自分一個の力で、自己を内省し、天地を眺め、人生を凝視し、天地自然人生を貫く理法に開眼した人のことである。釈尊も独覚の一人である。今日的にいえば、自然法則を探求することによって人間のあり方に開眼したような人は縁覚・独覚であるといってよい。「菩薩」は他者を幸せにしたいという願いを起こしてそれを実行する者のことである。自分自身はまだ迷っており、人生の真実に開眼していないにしても、他人を一人でも二人でも幸せにしたいと願う者はすべて菩薩といってよい。この三つの立場をそれぞれ立派であり、存在意義があると認めつつ、この三つの立場の共通の根底としての仏の立場を顕わすのが法華経の精神である。三つの立場をそれぞれ肯定しながら一つの立場を明らかにするのであるから、これは「肯定、肯定、絶対肯定」というべきである。西洋哲学の中心的な考え方である「否定、否定、肯定」という考え方とは違った大らかな人生観がそこに見られる。そしてこれが、否定することに狂奔して大きな肯定を忘れた現代人に大きな示唆を与えるのである。

2　人間礼拝

常不軽菩薩品に次のようなことが説かれている。過去無量無辺無数劫の昔に威音声王如来という仏がおられたが、その如来がこの世を去ってのち、正法の時代も過ぎ、像法の時代も終ろうとする頃に、多くの慪慢な比丘たちがいて教えを謗っていたという。

そのとき、常不軽菩薩という比丘菩薩がいた。かれは、比丘・比丘尼・在家信士・在家信女が近づいて来るのを見るごとに、

『尊者たちよ、わたしはあなたたちを軽視しない。あなたたちは軽視されてはならない。何故なら、あなたたちは皆、菩薩行を実行して仏になるはずであるから。』

と呼びかけた。それで、常不軽（常に軽視しない）と仇名されたのである。この常不軽菩薩は、「比丘でありながら教えを説くこともせず、経典も読誦せず」、ただこの呼びかけだけをつづけていた。人間はひねくれているから、「あなたを尊敬せずにはいられない」とか、「あなたを軽視したりはできない」とかいわれると、かえって憎んだり、反撥したりするものであるらしい。かれらは言う――

『どういうわけでこの比丘は、頼みもしないのにわれわれに向かって軽視しないなどというのか。頼まれもしないのにうそをついてわれわれに予言して仏になるなどというのは、かえってわれわれを軽視しているからだ。』

かれらは現代人と同じことを言う。現代は不信の時代であるという。人を信じもしないかわりに、人から信じられることを嫌う。信じてもらわなくても結構という。信じるという人間を軽蔑したり、かえって敵意を抱いたりする。人間全体が非行少年的雰囲気につつまれているといってもよい。

かれらは常不軽菩薩に向かって瓦や石を投げつけ、杖で打とうとしたりしたのである。

しかし、常不軽は少しも怒らず、憎しみの心を起こしたりしなかった。かれに愛憎の心がなかったわけではないであろう。しかし、かれは、人間の本来清浄ないのちを讃えずにいられず、それを人々に教えて歩かずにはいられなかったのであろう。かれにとっては、その方が、教えを説いたり、経典を誦えたりするよりずっと大切であったのである。

かれは杖に打たれても怒らず、ことさらに左の頬をも出すというような偽善的なこともせず、杖の届かぬところに逃れて、ふたたび高らかに本来清浄ないのちを讃えつづけた。無理なことはせず、病的な昂奮にもおちいらず、不必要な抵抗も起こさず、しかも、見なければならぬものはちゃんと見つづけ、主張しなければならぬことはちゃんと主張しつづける。それが常不軽菩薩の生き方であり、法華経の行者の基本的な行為の仕方であった。

常不軽菩薩のしたことは、今日の実存主義哲学者のあいだで好んでとりあげられる呼びかけに他ならない。実存主義では「われと汝」という関係を重視する。われにとってのっぴきならぬ関係にある汝、その汝から来る呼びかけが、われわれを本来の自己に目覚めさせるのであるという。

たしかにわれわれは、自分にとってのっぴきならぬ相手である誰かに相対するとき、その相手から絶えず呼びかけられていることを感ずる。その呼びかけは、こちらでいくら拒否しようとしても、抵抗できぬ力でわれわれのいのちの奥にまで入り込んで来る。そして、惰性的な、だらけた生き方を清算して本来の自己に向かうようにさせるのである。

実存主義の哲学者ウスラーはこう言っている――

『呼びかけは、現存在をその自己存在へ、その本来性へと呼ぶのである。しかし、それは自己の自己存在からではなく、汝という存在から来るのである。』

呼びかけは必ず相手から来るという。自分が自分に呼びかけるのではなく、必ず相手があり、その相手、つまり、「汝」がわたしに呼びかけ、わたしの本来のあり方へわたしを呼びさまし、呼び戻すのである。

実存主義における「われと汝」の関係は、多くは愛におけるわれと汝である。キリスト教系の実存主義者の場合、汝とは神である。ところが、常不軽品におけるわれと汝の関係は、愛と憎しみにおける「われと汝」である。常不軽菩薩は、かれに敵意を抱き、かれを打とうとする者を汝として迎える。しかも、その汝の中に仏を見ようとするのである。実は常不軽菩薩の中にある仏が、相手の中にある仏に呼びかけるのであるかも知れぬ。方便品にいう「唯仏与仏（ゆいぶつよぶつ）」の思想の具体的なあらわれとして、常不軽菩薩が説かれているのかも知れぬ。

近代インドの聖者ヴィヴェーカーナンダもまた、人間尊重に徹した人であった。かれはロンドンでの講演の一節にこう言っている――

『あなたがたが神であり、わたしもそうなのです。誰が誰に服従するというのでしょう。あなたがたが神の最高の寺院であり、わたしはむしろ、いかなる寺院や像や聖典にもまして、あなたがたを礼拝したいのです』

『礼拝しなくてはならぬ唯一の神は、人間の体に宿っている人間の魂なのです。もちろん、すべての動物は皆やはり神の寺院なのですが、人間は最高の寺院であり、タージ・マハールなのです。もしも、わたしが、それを礼拝できないとしたら、他のどんな寺院だって役に立ちはしないのです。一人一人の人間の体という寺院に在す神を実感するやいなや、あらゆる人の前に尊敬の念をもって立ち、その人の中に神を見るやいなや、あらゆる人の前に尊敬の念をもって立ち、その人の中に神を見るやいなや、その瞬間にわたしたちは束縛から自由になるのです。これはあらゆる礼拝の中でもっとも実際的なものなのです。』

この講演は来聴した英国人たちに深い感動をひき起こしたのであるが、この講演の基調となっていた一元論も人間尊重の精神も、いずれもすでに千八百年以上も昔にすでに法華経の主張するところであったのである。

3 常懐悲感

寿量品には「良医の譬喩」が説かれる。あるところに名医がいたが、かれが外出しているあいだに多くの子らが病に苦しみ、毒に苦しんだという。「かれらはその病または毒によって灼かれつつ、地上に投げ出されていた」と経典は言う。病によって地上に投げ出されているのは、ひとり医者の子だけではない。今日では、人間すべてが何らかの意味で「投げ出された存在」なのである。ドイツの実存主義哲学者ハイデッガーが、人間の現存在を説明するときに用いた「投げ出されてあること」ということばが今日ほど切実に思い出されることはない。親は子に投げ出され、子は親に投げ出され、生徒は教師に投げ出され、経営者は組合に投げ出され、未組織労働者は組織労働者に投げ出され、という風にさまざまなあり方で人間が投げ出されていることをよく考えながら、良医の譬喩に立ち返ろう。

父親である医師が帰宅したときに、苦しみに打ちのめされていたかれらは父に向かって、「わたしたちにいのちを与えて下さい」と懇願する。医者は「苦しみに打たれ、痛みに襲われ、うちひしがれて大地を這いまわっている」子らのために妙薬を作る。子らの中で判断の顚倒していない者はすぐその薬を飲んで苦しみを離れた。しかし、判断の顚倒している者はどうしてもその妙薬を飲まず、父を拒否したのである。

今この病める子の前にあるのは、死の恐怖と、病の苦しみと、父への反抗である。ドイツの哲学者ヤスパースは、限界状況に置かれた人間の状態を「死・苦しみ・争い・負い目」の四つで説明しているが、病める子らの状態もまさにそれであった。こういう状態におかれた人間は、人間とのふれ合いを拒絶しようとする。ことに、役割を持った人間としてあらわれて来る者を拒否しようとする。病める子が父を拒絶したのもそれである。

ハイデッガーの弟子レヴィットは現代人を分析して、個人と個人がふれあうのではなくて、一人一人が役割を持ち、役割という仮面の下でふれ合いをしているにすぎないと言っているが、現代人は組織や大衆や集団の中にはめ込まれて役割を持たされ、その役割としての顔だけで人に接しているにすぎないのである。ところが限界状況に追いこまれた人間にとってこの役割ほどいやなものはない。それで病める子らは、父としての役割、医者としての役割で近づいて来た医師を拒絶したのである。

こうなると、残された手段は唯一つである。かれらが無意識の中に支えとしているものを引き外してしまう他はない。そこで父親は一時姿をかくし、人をして死んだと言わしめる。そのときの病める子らの驚き、それはこう記されている――

『護る者もない存在としてのわが身を見まわし、よりどころもないわが身を見まわして、絶えず悲しみに打たれる。絶えず悲しみに打たれることによって、かれらの顚倒した判断力は不顚倒の判断力となる。』

この文章を鳩摩羅什は、「自惟孤露(じゆいころ)、無復恃怙(むぶじこ)、常懐悲感(じょうえひかん)、心遂醒悟(しんすいしょうご)」(みずからおもうに、孤露にしてまた恃怙(たのみ)なし。常に悲感を懐いて、心ついに醒悟す)と訳している。

こうして絶えず悲しみに打たれることによって、判断が元通りになり、薬を飲み、苦しみから解放されることになるのである。

このことは羅什の名訳「凡夫顚倒(ぼんぷてんどう)」の一句で有名になったが、維摩経の中の文殊菩薩と維摩の問答ではこう説かれている――

文殊が問う――「起こってもいないものを起こっていると分別するのは何がもとになっているのか?」

維摩が答える――「それは顚倒した判断力がもとになっている」

問う――「顚倒のもとは何であるか」

答える――「不住がそのもとである」

問う——「不住のもとは何であるか」
答える——「文殊よ、不住にどうしてもとなどあろうか。すべての存在は不住に基づいて住しているからである」

ここにいう「不住」は、「無住」「無所住」ともいい、「どこにもよりどころがない」という意味である。それが存在するものの宿命である。存在するものはすべて、どこにもよりどころがないという性質を持って生じて来るのである。だから、人間として生きているかぎり、顚倒した判断をするようになるのは止むを得ないことであるのかも知れない。それは人間のあり方についていえば、病気である。だから維摩経は「衆生疾む」と言ったのである。

よりどころにするものがあると思っているあいだは、自分が病んでいることにさえ気がつかない。それが、頼りにしていた父が死んだと聞いたとたんに「護る者もない存在」「休らうところのない存在」「よりどころのない存在」であることに気づかせられる。そして自分の身の上を見まわさずにはいられなくなる。そして、眼を放すことができないような悲しみにとりつかれるのである。

その悲しみを胸の奥底で大切にしていると、悲しみにいのちを洗われて、眼が澄み、心が冴えるようになる。「心遂醒悟」するのである。不住心が絶えざる悲しみに洗われて、本然の美しい姿一如の心境に返るのである。まことに悲しみは人間にとって救いでもあるのである。現代人は悲しみに堪えるということができない。すぐにそれを忘れようとする。しかし、悲しみは常に懐かれてあらねばならない。人間が本然の姿に至るためには、常懐悲感することが大切であると、法華経は教えるのである。

法華経はその他にも多くのことを現代人に示唆している。法華経は千年以上も東洋の人々の心の支えとなって来た経典である。眼さえ開いていれば、法華経は現代人にとっても珠玉の聖典であるとわたしは信じている。

（理想社刊、月刊『理想』一九六五年九月号より転載）

※中扉（第3～10章）写真＝本興寺（静岡県）所蔵「法華経絵曼荼羅」（重文）より

紀野　一義（きの・かずよし）

1922年、山口県萩市に生まれる。1948年、東京大学印度哲学科卒業。1958年、第1回 印度学仏教学会賞受賞。1967年、第1回 仏教伝道文化賞受賞。1989年、宝仙学園短期大学学長、1993年、正眼短期大学副学長。真如会を主催し、若い人々に仏教のこころを説く。2013年12月、逝去。

〈著書〉『法華経の風光』（水書房）、『般若心経・金剛般若経』（中村元との共訳註）『浄土三部経』（中村元、早島鏡正との共訳註　以上、岩波文庫）、『禅―現代に生きるもの』『親鸞に学ぶ』（以上、日本放送出版協会）、『仏典講座　維摩経』（大蔵出版）、『私の歎異抄』（ちくま文庫）、『名僧列伝』（講談社学術文庫）、『般若心経講義』（PHP）ほか多数。

本書は、1982年に刊行された講談社現代新書に、あらたに「法華経は現代にどのように生きるか」（1965年9月号「理想」掲載）を加えたものです。

「法華経」を読む

2017年11月10日　初版第1刷発行

著　者　紀野一義
発行人　石原大道
印刷・製本　亜細亜印刷株式会社
発行所　有限会社 大法輪閣
東京都渋谷区東2-5-36　大泉ビル2F
TEL（03）5466-1401（代表）
振替　00160-9-487196番

ISBN978-4-8046-1401-4　C0015